via reise verlag

AF634496

Klaus Sc

55 beglückende Ausflugsziele in Berlin

die gleich um die Ecke liegen

Oasen im Großstadtdschungel

Bezaubernde Orte vor der Haustür

Grüne Orte ganz nah

Schnell mal raus in kleine Paradiese

Das Glück am Stadtrand

Weite und Natur genießen

Im Glienicker Park fühlt man sich bisweilen wie im klassischen Italien

Das Glück des Ausflugs

Wundervolle Orte in der Nähe entdecken, Schönes um die Ecke finden: Ein kleiner Ausflug zwischendurch kann glücklich machen. Dabei entdeckt man nicht nur neue Lieblingsplätze in der eigenen Stadt, sondern erlebt auch sich selbst ganz anders, tankt neue Energie und Inspiration.

Oft liegen reizvolle Orte gleich vor der eigenen Haustür, ohne dass man sie bisher richtig wahrgenommen hat. Ein bezaubernder Stadtteil, ein versteckter Park, ein besonderer Platz, eine Sehenswürdigkeit, die man immer schon kennenlernen wollte. Berlin ist reich an überraschenden und beglückenden Orten.

Wer etwas mehr Abstand braucht und sich nach Natur sehnt, findet im Stadtgebiet großartige Parks und Gärten, Wälder und Badeseen – wunderbare Orte zum Entspannen und Erholen. Denn Berlin ist eine außergewöhnlich grüne Stadt. Sogar ausgedehnte Waldgebiete, Seen und viele idyllische, grüne Orte lassen sich oft in wenigen Minuten mit den Öffis erreichen.

Und wenn es noch mehr Abwechslung sein soll, muss man nur ein klein wenig weiter fahren: Am Stadtrand, wo Berlin schon fast ins grüne Brandenburg übergeht, gibt es jede Menge herausragende und oft wenig bekannte Ausflugsziele zu entdecken.

Zur besseren Übersicht haben wir die Ausflugsziele in drei Kapitel aufgeteilt:

Kapitel 1: Oasen im Großstadtdschungel: Im Innenstadtbereich, und damit für viele besonders nah, findet man alte Kieze wie die Spandauer Vorstadt und die Victoriastadt, berühmte Orte wie die Museumsinsel und den Gendarmenmarkt, große Stadtparks und viele kleine, grüne Oasen um die Ecke

Kapitel 2: Grüne Orte ganz nah: Spektakuläre naturnahe Ausflugsziele im Stadtgebiet. Darunter ausgedehnte Wälder wie der Grunewald, lauschige Bachtäler wie das Tegeler Fließ, großartige Naturparks wie das Schöneberger Südgelände, Aussichtpunkte wie der Drachenberg. Aber auch versteckte, wenig bekannte Insidertipps wie die Murellenschlucht und das Späth-Arboretum

Kapitel 3: Das Glück am Stadtrand: Diese Ausflugsziele sind meist gut mit der S-Bahn zu erreichen, bei einigen geht es weiter per Tram, Bus oder Fähre. Sie eignen sich deshalb ideal für einen Halb- oder Ganztagesausflug. Darunter sind Orte wie der Botanische Volksgarten in Pankow, die Liebermann-Villa am Wannsee, das ehemalige Fischerdorf Rahnsdorf und die Halbinsel Schmöckwitzer Werder.

Oasen im Großstadtdschungel

Bezaubernde Orte vor der Haustür

Spaziergang durchs Böhmische Dorf

Alt-Rixdorf

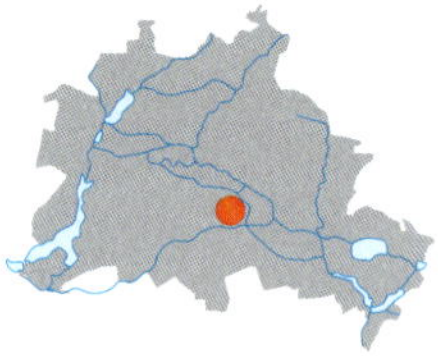

Ein Besuch in Alt-Rixdorf ist wie eine Reise in eine alte, beschauliche Welt – und das mitten im quirligen, multikulturellen Neukölln. Biegt man von der geschäftigen Karl-Marx-Straße Richtung Richardplatz ab, steht man bald unvermittelt in einer Dorfidylle mit Schmiede, Kirche, blumengeschmückten Vorgärten und historischem Friedhof.

Rixdorf wurde schon um das Jahr 1200 von Tempelrittern gegründet. Doch der Stadtteil, wie wir ihn heute kennen, ist erst 1737 entstanden. Damals kamen böhmische Protestanten hierher, die in ihrer Heimat verfolgt wurden. Der preußische König Friedrich Wilhelm I. gewährte ihnen Zuflucht.

Rund um den Richardplatz errichteten die böhmischen Migranten Straßen und Gebäude, es entstand Böhmisch-Rixdorf. Die im 16. Jahrhundert bei einem Brand zerstörte Kirche bauten die fleißigen Böhmen wieder auf. Auch einen Friedhof richteten die Neubürger ein, den Böhmischen Gottesacker in der Kirchhofstraße. Er ist der zweitältes-te noch benutzte Friedhof in Berlin.

Die Böhmen brachten auch ihre Kenntnisse, Kultur und Religion mit. So wird die Dorfkirche auf dem Richardplatz bis heute durch die Evangelisch-böhmisch-lutherische Bethlehemsgemeinde genutzt. Etliche Nachfahren der eingewanderten Böhmen leben noch im Umkreis der Richardstraße und Kirchgasse.

Von deren Wirken zeugt auch der wundervolle Comenius-Garten in der Richardstraße 35, eine öffentlich zugängliche Gartenanlage. Der Garten wurde zwar erst 1992 angelegt, basiert aber auf den überlieferten Vorstellungen des böhmi-

Hinkommen

- U-Bhf. Karl-Marx-Straße (U7)

Dauer

- Für einen Spaziergang durch Böhmisch-Rixdorf und zum Körnerpark sollte man sich 2–3 Stunden Zeit nehmen

Nicht verpassen

- Die 400 Jahre alte Schmiede bestaunen
- Im Comenius-Garten dem Weg des Lebens nachgehen
- Anfang Dezember den Alt-Rixdorfer Weihnachtsmarkt besuchen

Die Schmiede in Alt-Rixdorf ist bis heute in Betrieb

Das *Seelenparadies* im Comenius-Garten lädt zur Reflexion ein

schen Universalgelehrten Johann Amos Comenius (1592–1670). In dem kunstvoll angelegten Garten wird symbolisch an die Geschichte und Tätigkeit der böhmischen Gemeinde erinnert. Auch gibt es einen *Lebensweg*, der den Werdegang eines Menschen nachzeichnet. Auf dem Gelände des Comenius-Gartens in der Richardstraße stand bis 1971 die Richardsburg, eine berüchtigte Mietskaserne mit fünf Hinterhöfen.

Mehr über die Entstehung des Böhmischen Dorfes erfährt man in einem kleinen Museum im denkmalgeschützten, 1753 erbauten Schulhaus in der Kirchgasse 5.

Ein besonderes Kleinod in Alt-Rixdorf ist die 400 Jahre alte Schmiede auf dem Richardplatz. Hier wurden die Werkzeuge repariert und die Pferde neu beschlagen. Die Schmiede ist immer noch in Betrieb, heute werden hier vor allem kunsthandwerkliche Gegenstände gefertigt. Bei Veranstaltungen kann man einen Einblick in das alte Handwerk gewinnen. Ein besonderer Anziehungspunkt ist die Schmiede auch beim stimmungsvollen Rixdorfer Weihnachtsmarkt, der jedes Jahr am zweiten Adventswochenende stattfindet.

Der neobarocke Körnerpark ist eine romantische Oase im quirligen Neukölln

Café Botanico

Das deutsch-italienische Garden-to-table-Restaurant ist ein ganz besonderer Ort. Es pflegt einen eigenen Permakultur-Kräutergarten, der bei einer Führung besichtigt werden kann (Anmeldung siehe Website). Die Speisekarte bietet viele vegetarische und vegane Gerichte an. Im lauschigen Garten und im gemütlichen Innenbereich kann man auch italienische Desserts, Kaffee und unterschiedliche Kräutergetränke genießen.

Richardstraße 100 | 12043 Berlin | Tel. (030) 89 62 20 00 | https://www.cafe-botanico.de/

Um die Ecke

Körnerpark
Ein weiteres Neuköllner Juwel liegt westlich der Karl-Marx-Straße. Der Körnerpark wurde 1916 im neobarocken Stil angelegt und ist eine der romantischsten und schönsten Grünanlagen Berlins. Lange Treppen mit Balustraden führen hinunter auf einen Rasen, der sieben Meter unterhalb des Straßenniveaus liegt. Wasserspiele, geschnittene Hecken, ein bunter Blumengarten und Platanen verleihen dem Park das besondere Flair. Die ehemalige Orangerie beherbergt eine kommunale Galerie und ein Café.

Im Straßenkarree zwischen Jonas-, Schierker-, Wittmannsdorfer- und Selkestraße

2

Park im Souterrain

Engelbecken

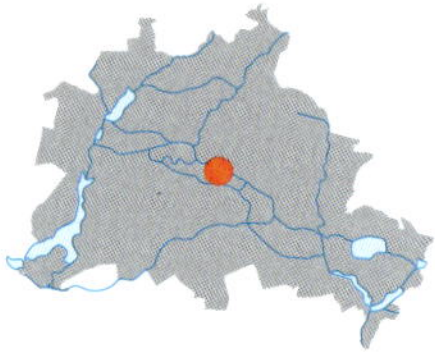

Eine der ungewöhnlichsten und zugleich bezauberndsten Grünanlagen Berlins findet man am Michaelskirchplatz zwischen Mitte und Kreuzberg: den Engelbeckenpark. Die kleine Parkanlage, die sich um das namensgebende Gewässer schmiegt, liegt eine Etage unter dem Straßenniveau, sozusagen im Souterrain. Das hat den Effekt, dass man sich herrlich abgeschirmt vom städtischen Treiben rundherum fühlt.

Einst verlief hier der Luisenstädtische Kanal, der seit 1852 eine Wasserverbindung zwischen dem Landwehrkanal und der Spree herstellte. An der Stelle des heutigen Engelbeckens weitete sich der Kanal und machte einen scharfen Knick Richtung Osten. Für den Schiffsverkehr hat der Kanal nie wirklich Bedeutung erlangt. Da er zudem zu Geruchsbelästigungen führte, wurde er 1926 wieder zugeschüttet. Dabei wurde der Kanal nicht bis zum Straßenniveau verfüllt, sondern nur bis knapp über die ursprüngliche Wasserlinie. Darauf entstand eine anmutige Grünanlage. Nur das Engelbecken selbst blieb als Wasserfläche erhalten, umgeben von Laubengängen, Rasenflächen und Ziergärten. Mit dem Bau der Mauer 1961 war es dann erst einmal vorbei mit dem Spazierengehen am Engelbecken: Auf der Fläche verlief der Todesstreifen, die Grünanlage und das Becken wurden komplett verfüllt und planiert.

Nach dem Fall der Mauer ist der Engelbeckenpark in alter Pracht neu erschaffen worden. Heute wandelt man wieder unter Laubengängen, kann sich an Rosenbeeten erfreuen und den rekonstruierten Indischen Brunnen bewundern.

Benannt ist das Engelbecken nach dem Erzengel St. Michael, dessen Statue heute wieder vom First der Sankt-Michael-Kirche auf die Wasserfläche schaut.

Hinkommen

- U-Bhf. Heinrich-Heine-Straße (U8)

Dauer

- 1–2 Stunden

Nicht verpassen

- Am Indischen Brunnen dem Fluss des Lebens nachspüren
- Das Besondere der Sankt-Michael-Kirche entdecken
- Auf der Sonnenterrasse im Café am Engelbecken sitzen

Über dem Indischen Brunnen thront die Tempeltänzerin

3

Ein Park für Teddy

Ernst-Thälmann-Park

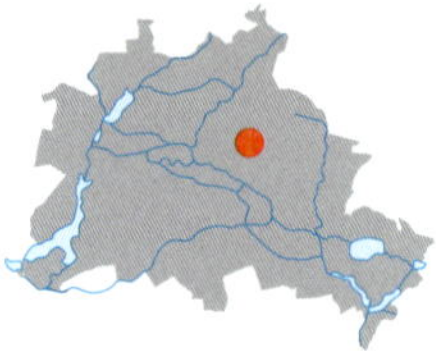

Es war ein tiefer Einschnitt in den dicht besiedelten Stadtteil Prenzlauer Berg, als hier 1981 die riesigen Gasspeicher gesprengt wurden. Doch was danach auf der Fläche entstand, ist bis heute sehenswert: Der Ernst-Thälmann-Park, eine Mischung aus gehobener Wohngegend und Park.

Am Eingang zum Park in der Greifswalder Straße steht er, 13 Meter hoch und aus Bronze gegossen: Ernst „Teddy" Thälmann, in der Weimarer Republik Vorsitzender der Kommunistischen Partei, wurde während der Nazi-Herrschaft inhaftiert und 1944 im KZ Buchenwald ermordet. Hinter dem monumentalen Denkmal des sowjetischen Bildhauers Lew Kerbel beginnt die dicht bepflanzte Grünzone. Der 16 Hektar große Ernst-Thälmann-Park bietet neben weiten Liegewiesen viele verschiedene Baumarten, einen Abenteuerspielplatz, einen Rhododendron-Garten und einen künstlich angelegten Teich.

Errichtet wurde die Anlage 1986 als „bewohnter Park". Locker und zurückhaltend verteilt stehen dort Hochhäuser und Wohnblocks vom Typ DDR-Edelplatte für 4 000 Einwohner. Bis heute ist es etwas Besonderes, hier zu wohnen. Das liegt, neben der grünen Umgebung, auch an den Freizeiteinrichtungen, darunter eine Schwimmhalle und ein Kulturhaus. Highlight – und an sich schon ein Anziehungspunkt – ist das Zeiss-Großplanetarium am Parkeingang Prenzlauer Allee. Es wurde 1987 als eines der größten und modernsten Sternentheater Europas eröffnet. Der Projektor zeigt den Himmel mit mehr als 9 000 Sternen – und lässt die Weite des Universums erahnen.

Hinkommen

- S-Bhf. Greifswalder Straße oder S-Bhf. Prenzlauer Allee (S8, S41, S42, S85)

Dauer

- 1–2 Stunden (mit Anton-Saefkow-Park)

Nicht verpassen

- Die bunten Mosaikfiguren auf dem Sternenspielplatz hinter dem Planetarium bewundern
- Im Zeiss-Großplanetarium das *Hörspielkino unterm Sternenhimmel* erleben
- Auf der gegenüberliegenden Seite der Greifswalder Straße weiter in den Anton-Saefkow-Park spazieren

Am Sternenspielplatz macht das Sandkuchenbacken Spaß

Der Teich im Ernst-Thälmann-Park ist von dichtem Grün umgeben

4 Park der (sozialistischen) Zukunft

Fennpfuhlpark

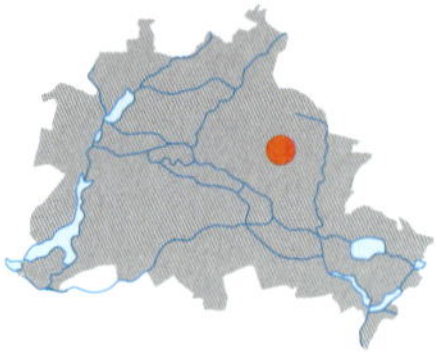

Ein See mit Fontäne, weite Wiesen, lauschige Ecken, jede Menge Freizeiteinrichtungen: Fast vergisst man im weitläufigen Fennpfuhlpark, dass dieser inmitten eines Wohngebiets mit über 30 000 Einwohnern liegt.

Dieser Park ist eigentlich ein Geheimtipp. Denn außerhalb des Stadtteils Fennpfuhl kennt kaum jemand die ausgedehnten grünen Weiten, die sich in seiner Mitte ausbreiten. Schon der namensgebende Teich, der Fennpfuhl, ist eine Attraktion. Umgeben von weiten Liege- und Spielwiesen, Kastanien- und Nadelbäumen ist das Gewässer mit einer Fontäne mittendrin Ruhepunkt und Augenweide zugleich. Zu DDR-Zeiten konnte man sogar Ruderboot auf dem Fennpfuhl fahren.

Rund um den See hat man Gelegenheit zu jeder Menge Aktivitäten: ein Areal mit Trimmgeräten für Erwachsene, eine Beachzone mit sieben Spielfeldern, eine Rollsportanlage, Spielplätze, ein Auslaufgebiet für Hunde. In die Park- und Wohnlandschaft integriert wurden auch ein Hallenbad, ein zentraler Platz mit Wasserspiel und drum herum Läden, Cafés und Restaurants.

Der heutige See entstand zwischen 1978 und 1981, als der frühere Fennpfuhl und der Langpfuhl zusammengelegt wurden. Wo die beiden Seen zusammentreffen, führt eine mit Schmuckelementen verzierte Brücke hinüber.

Rund um den Fennpfuhlpark dehnt sich, locker im Grün verteilt, die älteste Plattenbau-Großsiedlung Ostberlins aus. In ihrem Zentrum, also rund um den Fennpfuhl, ist es ruhig und autoarm wie in einer Gartenstadt. Sogar die Tram, die nur wenige Minuten bis in die Berliner Innenstadt braucht, säuselt leise auf ihrem Rasengleis dahin.

Hinkommen

- Tramhaltestelle Anton-Saefkow-Platz (M8)

Dauer

- Den Fennpfuhl kann man in 20 Minuten umrunden

Um die Ecke

Langer Jammer
Am S-Bhf. Storkower Straße führt eine überdachte Fußgängerbrücke von Fennpfuhl über die Ringbahn. Einst reichte die auch „Langer Jammer" genannte Überführung noch 400 Meter weiter. Sie überquerte das Gelände des Zentralbahnhofs und endete im Friedrichshainer Nordkiez.

Rund um den Fennpfuhl liegen lauschige Ecken

5 Im Himmel über Berlin

Fernsehturm

Hier ist die Freiheit scheinbar grenzenlos: Vom Fernsehturm am Alexanderplatz überblickte man schon zu Mauerzeiten die ganze Stadt. Eingeweiht wurde der Fernmeldeturm mit Aussichtsplattform und Drehrestaurant am 3. Oktober 1969. Bis heute ist er mit 368 Metern das höchste Bauwerk Deutschlands. Für die DDR war der in nur vier Jahren fertiggestellte Fernsehturm ein Symbol für die Überlegenheit der sozialistischen Gesellschaft. Schließlich überragte er den Funkturm im Westteil der Stadt um ganze 220 Meter.

Heute ist der Fernsehturm, den man auch von entfernten Ecken der Stadt sieht, neben dem Brandenburger Tor das Wahrzeichen für ganz Berlin. Seit über 50 Jahren bietet er nun ein berauschendes Erlebnis, das schon mit dem futuristischen Eingangsbereich beginnt. Von dort wird man in superschnellen Aufzügen in die markante Kugel auf 203 Metern Höhe geschossen und findet sich im Himmel über Berlin wieder. Durch schräge Glasscheiben blickt man auf die Stadt, die einem zu Füßen liegt. Zum Greifen nah scheinen der Tiergarten, der ehemalige Flughafen Tempelhof, die Altbauviertel in Prenzlauer Berg und die Hochhäuser in Marzahn.

Eine Etage höher liegt das Restaurant *Sphere*, das früher *Telecafé* hieß. Die Tische drehen um 360 Grad entlang der kreisförmigen Fensterfront: Je nachdem, welche Geschwindigkeit eingestellt ist, schaut man in einer halben bis einer Stunde einmal in alle Himmelsrichtungen. Göttlich.

Hinkommen

- S- und U-Bhf. Alexanderplatz (S3, S5, S7, S9 sowie U2, U5, U8)

Dauer

- 1–2 Stunden, mit Restaurantbesuch auch deutlich mehr

Berliner Fernsehturm

- Tickets: Vor Ort im Fernsehturm am Alexanderplatz an der Tageskasse oder am Automaten. Wartezeiten an den Aufzügen möglich.
- Tipp: Online-Tickets buchen, bei denen man den Zeitpunkt der Auffahrt selbst festlegt: *www.tv-turm.de*
- Tgl. Öffnungszeiten: März bis Okt. 9–23 Uhr, Nov. bis Feb. 10–22 Uhr

Wo einem die Stadt zu Füßen liegt

6 Der Eiffelturm von Berlin

Funkturm

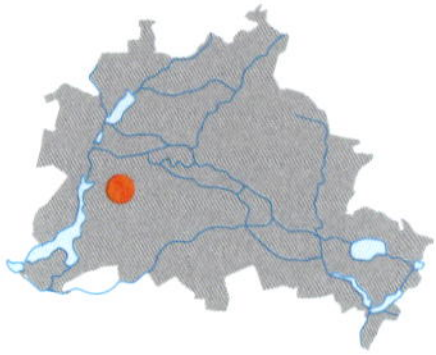

Ein Ausflug auf den Funkturm von Berlin ist ein nostalgisches Erlebnis. Mit einem gläsernen Aufzug gelangt man auf die Aussichtsplattform des Stahlgerüstturms. Der Ausblick von oben ist grandios: Er reicht über die City West und weit über den Grunewald. Auch den großen Bruder des Funkturms, den Fernsehturm am Alexanderplatz, kann man in der Ferne erkennen.

1926 wird der damals „Langer Lulatsch" genannte Sendemast zur 3. Deutschen Funkausstellung feierlich eröffnet. Seine sich nach oben verjüngende Stahlskelettkonstruktion erinnert an den Eiffelturm in Paris. Schon ein paar Jahre nach der Eröffnung strahlten die Anlagen auf dem Funkturm die ersten, noch tonlosen Fernsehbilder der nahen Fernsehstation Witzleben über Berlin aus. Er dient bis heute als Sendemast, allerdings nur noch für regionalen Polizei- und Mobilfunk.

Zählt man die Antennen mit, misst der Funkturm 147 Meter. Die Aussichtsplattform liegt in 126 Metern Höhe. Die kann man auch zu Fuß erklimmen: 647 Stufen führen hinauf.

Auf etwas weniger als der Hälfte der Höhe befindet sich in 55 Metern das Aussichtsrestaurant, das im originalen Jugendstil gestaltet ist. Bis heute erstrahlt es im Zwanzigerjahre-Ambiente. So sind in die aufwendige Wandvertäfelung und in die Bar feine Intarsien eingearbeitet. Kein Wunder also, dass hier schon viele Paare Hochzeit gefeiert haben, darunter auch der Berliner Oberbürgermeister Ernst Reuter und seine zweite Frau Hanna.

Hinkommen

- S-Bhf. Messe Nord/ICC (S41, S42, S46) oder U-Bhf. Kaiserdamm (U2)

Dauer

- 30–60 Minuten (ohne Restaurant)

Funkturm Berlin

Der Funkturm steht innerhalb des Messegeländes. Der Eingang zum Funkturm befindet sich am Messedamm.

Hammarskjöldplatz | 14055 Berlin | Tel. (030) 30 38 19 05 | www.funkturm-messeberlin.de | Aussichtsplattform Di–So 11–22 Uhr

Der Funkturm steht seit 1926 auf dem Messegelände

7 Zwischen zwei Domen

Gendarmenmarkt

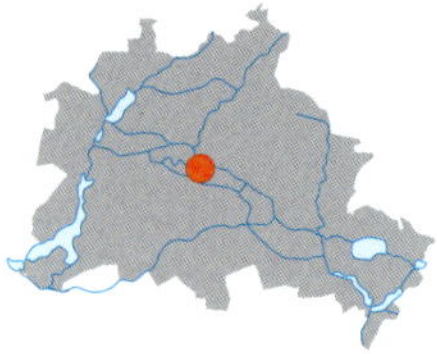

Zwei imposante, mit Kuppeln gekrönte Prunkbauten, die sich gegenüberstehen, dazwischen ein stolzes Konzerthaus und viel Platz zum Flanieren und Staunen: Der Gendarmenmarkt gilt als schönster Platz Berlins, ein neobarockes Ensemble von vollendeter Harmonie.

Die Ursprünge des Platzes liegen im 17. Jahrhundert: Damals siedelten sich französische Einwanderer, protestantische Hugenotten, hier an. Später wurde der Platz Gendarmenmarkt genannt, da ab 1736 die Wache und die Ställe des Garderegiments „Gens d'armes" am Platz lagen.

In den Jahren 1780 bis 1785 bekamen die beiden schon vorhandenen schlichten Kirchen die eindrucksvollen Kuppeltürme angebaut. Die Turmbauten heißen zwar Deutscher Dom und Französischer Dom, sind aber selbst keine Kirchen. Der Name Dom kommt aus dem Französischen, von *dôme,* was Kuppel bedeutet.

Seine heutige Gestalt erhielt der Platz schließlich ab 1821, als der Berliner Stararchitekt Karl Friedrich Schinkel ein neues Schauspielhaus baute, nachdem das alte abgebrannt war. Als dann 1859 das Denkmal für Friedrich Schiller mitten auf dem Gendarmenmarkt aufgestellt wurde, war das Kulturensemble komplett. Und blieb so, bis der Gendarmenmarkt im Zweiten Weltkrieg zerstört und zum Trümmerhaufen wurde.

Erst in den 1970er-Jahren begann der Wiederaufbau dieses Architekturjuwels, der Ort hieß damals Platz der Akademie. Das Schauspielhaus wurde nach der Wende in Konzerthaus umbenannt, denn als solches wird es heute genutzt. Man kann wieder herrlich zwischen den Domen hin und her wandeln und die wundervolle Aura des Ortes auf sich wirken lassen.

Hinkommen

- U-Bhf. Stadtmitte (U2, U6)

Um die Ecke

- Die Friedrichstraße mit ihren edlen Geschäften

Nicht verpassen

- Das Hugenottenmuseum im Französischen Dom besuchen – mit Blick von der Aussichtsplattform!
- Die Ausstellung im Deutschen Dom zur Geschichte der Demokratie in Deutschland anschauen

An der Treppe zum Konzerthaus laden Löwe und Panther zur Vorstellung ein

8 Die Welt im Stadtschloss

Humboldt Forum

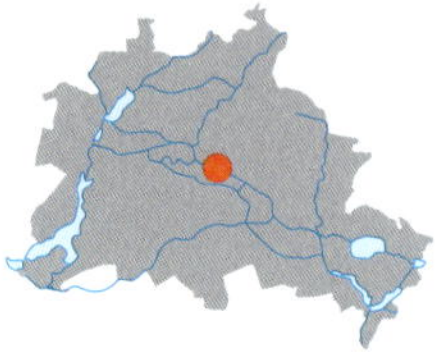

Das Humboldt Forum, also das wiederaufgebaute Stadtschloss mit seinen gigantischen Ausmaßen, steht nun auf der Spreeinsel mitten in Berlin. Entstanden ist ein spektakulärer neuer Ort für Kunst, Kultur und Wissenschaft.

Drei der barocken, mit Skulpturen geschmückten Außenfassaden samt der Kuppel und drei der Fassaden des historischen Schlüterhofes wurden detailgetreu rekonstruiert. Auch die historischen Sichtachsen zum Alten Museum und zum Berliner Dom wurden wiederhergestellt. An der Seite zur Spree und in Teilen des Innenhofs hat sich Architekt Franco Stella für eine moderne Fassade aus Beton und Glas entschieden.

Im Innern ist ein völlig neues, hochmodernes und multimediales Kulturzentrum entstanden. Im Gegensatz zum alten Schloss ist das Humboldt Forum ein offener Bau, der das Volk einlädt. Damit erinnert es auch an den verschwundenen Palast der Republik, der zu DDR-Zeiten hier für alle offenstand.

Zwei Wege führen mitten durch das Schloss, sie sind Tag und Nacht geöffnet. Sowohl die Passage mit ihren Kolonnaden als auch der Schlüterhof verbinden den südlichen Schlossplatz mit dem Lustgarten. Mit dem Schlüterhof ist ein großzügiger Stadtplatz entstanden, er erinnert an eine italienische Piazza mit Cafés und Restaurants. Benannt ist der zentrale Hofplatz nach Andreas Schlüter (1659–1714), dem Baumeister des historischen Stadtschlosses. Einst wurden an diesem Ort höfische Empfänge zelebriert, heute finden hier Veranstaltungen aller Art statt.

Der 800-jährigen Geschichte des Ortes ist eine eigene Ausstellung gewidmet, die im Erdgeschoss mit einem 28 Meter langen Video-

Hinkommen

- U-Bhf. Museumsinsel (U5)

Dauer

- Auf einen Kaffee im Schlüterhof, ein paar Stunden für eine der Ausstellungen oder einen ganzen Tag für das gesamte Gebäude

Nicht verpassen

- Die Schlossfassade mit ihren Skulpturen bestaunen
- Durch die Passage promenieren
- Von der Dachterrasse auf Berlin blicken

Auf dem Schlüterhof fühlt man sich wie auf einer italienischen Piazza

panorama beginnt, das anschaulich die historische Entwicklung seit den frühesten Zeugnissen im 12. Jahrhundert zeigt. Hier stand das Berliner Schloss der brandenburgisch-preußischen Fürsten und Könige, fand höfisches Leben statt, wurden Kriege angezettelt, Revolutionen ausgerufen und niedergeschlagen, während rundherum aus dem unbedeutenden Doppelstädtchen Berlin-Cölln eine Metropole erwuchs.

Wie Berlin die Welt verändert hat und wie die Welt Berlin, darum geht es in der Ausstellung *Berlin Global* im 1. Obergeschoss. Auf 4 000 Quadratmetern werden Geschichten und Geschichte der Stadt erzählt.

Ebenfalls im 1. Obergeschoss zeigt die Ausstellung *Nach der Natur* wie der Mensch durch seine Lebensweise in die Ökosysteme der Erde eingreift und wie sich der Planet dadurch verändert. Die Schau vermittelt, wie Umwelt- und Ressourcenfragen immer wichtiger werden und welchen Einfluss sie auf die politischen Systeme haben.

Im 2. und 3. Obergeschoss werden seit Ende 2021 die Sammlungen des Ethnologischen Museums und des Museums für Asiatische Kunst gezeigt. Neben beeindruckenden

Zur Spree hin zeigt das Humboldtforum seine moderne Seite

Exponaten wie zum Beispiel einem originalen Haus aus dem pazifischen Inselstaat Palau werden auch der Kolonialismus und seine Folgen thematisiert.

Benannt ist das Humboldt Forum nach Alexander und Wilhelm von Humboldt. Die beiden Brüder, der eine Forschungsreisende, der andere Gelehrter und Staatsmann, prägten bis in die Mitte des 19. Jahrhunderts das Weltwissen ihrer Zeit. Mit ihrer Neugier und Offenheit sind sie Vorbild für das kulturelle Leitbild des Humboldt Forums. Eine sehenswerte kleine Ausstellung in der Passage zeigt ihr Wirken.

Restaurant Baret

Von der Dachterrasse des Humboldt Forums eröffnet sich ein eindrucksvoller Ausblick auf die prunkvolle Domfassade und die Berliner Innenstadt. Tagsüber lädt das Restaurant zu einem kleinen Mittagstisch und wartet mit ausgefallenen Gerichten auf. Abends diniert man über der funkelnden Stadt. Bei allen stets frisch zubereiteten Speisen wird auf eine Auswahl regionaler Zutaten geachtet.

Schloßplatz | 10178 Berlin | Tel. (030) 30 99 211 89 89 | www.humboldtforum.org/de/ | Mi–Mo 11–0 Uhr

9 Prenzlauer Berg at its best

Kollwitzplatz

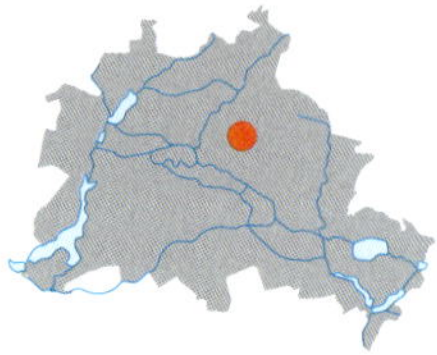

Kein zweites Berliner Stadtviertel strahlt so viel urbanes Leben aus wie der Kiez rund um den Kollwitzplatz. Einstmals ein Viertel der „kleinen Leute", hat sich der Kollwitzkiez mit seinen Gründerzeithäusern zu einem schicken Kiez gemausert, ohne dabei seine Besonderheit zu verlieren. Es macht einfach Spaß, sich durch die Straßen mit den breiten Bürgersteigen, originellen Läden und Cafés treiben zu lassen.

Benannt ist der dreieckige Kollwitzplatz nach der Grafikerin und Bildhauerin Käthe Kollwitz (1867–1945), die einen Großteil ihres Lebens hier verbrachte. Sie thront in der Grünanlage auf dem Platz – als Bronzestatue. Das Denkmal wurde nach Originalentwürfen von Käthe Kollwitz 1961 von einem Bildhauer geschaffen.

Nicht weit vom Kollwitzplatz, an der Knaackstraße/Ecke Rykestraße, liegt gleich der nächste prominente Ort. Links steht die größte Synagoge Deutschlands, gegenüber erhebt sich auf einem Plateau der Wasserturmplatz. Oben warten eine Parkanlage mit Bänken, ein Spielplatz und eine Brunnenanlage – und der 1877 erbaute, älteste erhaltene Wasserturm Berlins.

Im Park führen eine Treppe und eine Rampe auf ein zweites, noch höher gelegenes Plateau. Dort fühlt man sich wie der König von Prenzlauer Berg, so fantastisch ist der Ausblick auf das Stadtviertel. Der Wasserturmplatz steht als Gartendenkmal unter Denkmalschutz. Zu entdecken gibt es auch den historischen Steigrohrturm, das Maschinenhaus und das Schwimmerhäuschen.

Hinkommen

- U-Bhf. Senefelderplatz (U2)
- Über die Kollwitzstraße spaziert man in 5 Minuten zum Kollwitzplatz

Dauer

- Kurz mal Vorbeischauen oder die Zeit in den Kiezstraßen und Grünanlagen vergessen

Nicht verpassen

- Ökomarkt am Kollwitzplatz: donnerstags
- Wochenmarkt: samstags

Um die Ecke

Zum nahen Leisepark spazieren, der beschaulich auf dem Gelände eines ehemaligen Friedhofs liegt.

Heinrich-Roller-Straße 24

Ist alles so schön grün hier

Hier lässt sich dem Charme der Gründerzeit nachspüren

10 Kreuzberg von seiner grünen Seite

Landwehrkanal

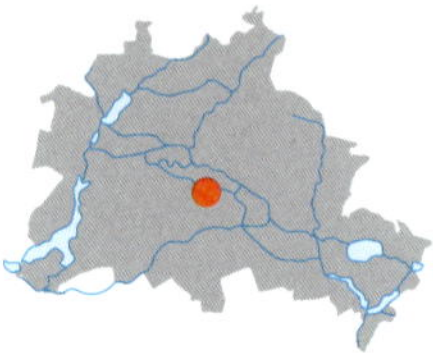

Immer am Kanal entlang: Beim Spaziergang an Berlins urbanster Wasserstraße erlebt man den Multikulti-Stadtteil Kreuzberg von seiner grünen Seite. Der Landwehrkanal, der sich seit 1850 als künstliche Wasserstraße durch Berlin zieht, ist in Kreuzberg durchgehend von Wiesen, Alleen und Promenaden gesäumt.

An der Baerwaldbrücke, nahe dem U-Bahnhof Prinzenstraße, beginnt der liebenswerteste Abschnitt. Am nördlichen Ufer führt die Uferpromenade vorbei am Böcklerpark zum Fraenkelufer mit seinen Gründerzeitgebäuden. Einige Gehminuten weiter überspannt die Admiralbrücke den Kanal – der Treffpunkt für romantische Sonnenuntergänge. Weiter am Fraenkelufer entlang passiert man bald die Synagoge, von der nach den Verwüstungen der Nazizeit nur noch ein Seitengebäude existiert.

An der nächsten Brücke, der Kottbusser Brücke, liegt auf der rechten Seite die legendäre Szenekneipe *Ankerklause*. Dahinter zieht sich am Wochenende auf der Neuköllner Seite des Kanals der beliebte orientalische Markt entlang. Auf Kreuzberger Seite reihen sich am Paul-Lincke-Ufer Cafés und Gartenlokale aneinander. Jenseits der Ohlauer Brücke wird es ruhiger am Landwehrkanal, am Ufer wird Boule gespielt.

Dort, wo der Neuköllner Schifffahrtskanal nach halb rechts abzweigt, lag einst das Studentenbad. Bis heute sind im Sommer die Plätze auf der Liegewiese heiß begehrt. Wenige Spazierminuten weiter führt rechts eine Brücke auf die Lohmühleninsel, die zwischen Landwehrkanal und Flutgraben liegt. An deren Ende blickt man weit über die Spree.

Hinkommen

- U-Bhf. Prinzenstraße (U1, U3)

Zurückkommen

- U-Bhf. Schlesisches Tor (U1, U3)

Dauer

- 2–3 Stunden

Restaurant Freischwimmer

Die romantischste Möglichkeit in Berlin, direkt am Wasser zu sitzen, zu speisen oder einen Cocktail zu trinken. Auf dem Holzsteg am Flutgraben fühlt man sich wie in einer anderen Welt.

Vor dem Schlesischen Tor 2 | 10997 Berlin | Tel. (030) 61 07 43 09 | www.freischwimmer-berlin.com

Treffpunkt am Kanal: Die Admiralbrücke

Grüne Ufer begleiten den Kanal in Kreuzberg

11

Oase im Berliner Westen

Lietzenseepark

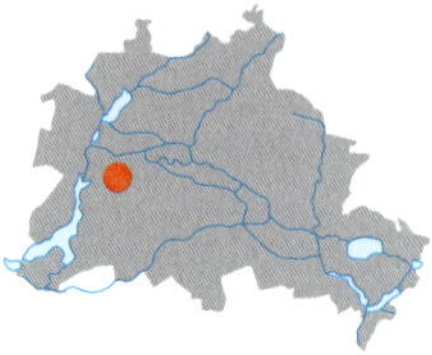

Verschlungene Wege, uralte Bäume und ein Bootshaus mit Seeterrasse: Der Lietzenseepark ist zwar nicht riesengroß, birgt aber überraschend Schönes.

Genau genommen besteht der Lietzensee aus zwei Seen und zwei Parks. Die beiden Hälften sind durch einen Kanal und eine abenteuerlich anmutende Unterführung unter der Kantstraße verbunden. Vor allem aber liegen See und Park wunderbar eingebettet in die Stadtlandschaft Charlottenburgs – und bilden dort einen Ruhepunkt. Rund um den Park lugen elegante Gebäude durchs Geäst.

Betritt man den Park, ist von der Umtriebigkeit der Straßen kaum noch etwas zu spüren. Dabei geht es in der Nordhälfte des Parks, Zugang vom Kaiserdamm, durchaus lebhaft zu. Hier locken eine große Liegewiese, Spielplätze und das *Bootshaus Stella* mit seiner herrlichen Terrasse. In der südlichen Hälfte ist es vor allem der von alten Ahornbäumen, Platanen und Weiden gesäumte Uferweg und die Große Kaskade am Parkende, die den besonderen Reiz ausmachen.

Erste Parkanlagen am Lietzensee wurden 1824 angelegt. Damals lag der Teich noch weit vor den Toren der Stadt. Erst Anfang des 20. Jahrhunderts entstanden die ersten vornehmen Wohnhäuser am Ufer des Lietzensees. Seine jetzige Gestalt erhielt der Park bis 1920, als der Charlottenburger Gartendirektor Erwin Barth die Anlage im Jugendstil ausbauen ließ. Bis heute verströmen See und Park ein Gefühl zeitloser Gelassenheit.

Hinkommen

- U-Bhf. Sophie-Charlotte-Platz (U2)

Rumkommen

- Einmal den See entlang von Nord nach Süd und zurück spaziert man in gut 30 bis 40 Minuten. Mit Abstechern auf Seitenwegen und Innehalten am See kann man auch viel mehr Zeit hier verbringen.

Bootshaus Stella am See

Fast wie ein Ausflug aufs Land: Café und Biergarten mit herrlicher Seeterrasse, Kuchen wie selbst gemacht, knusprige Pizza, Pasta und mehr. Die Plätze direkt am Wasser sind im Sommer heiß begehrt.

Witzlebenplatz 1a, Am Lietzenseeufer | 14057 Berlin | www.bootshausamlietzensee.de

Der Lietzensee ist auch im Herbst eine Augenweide

12

Große Freiheit

Mauerpark

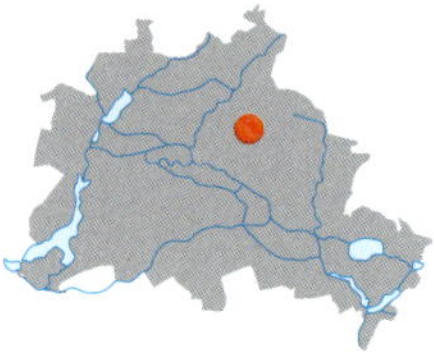

Chillen und dabei den Hauch der Geschichte spüren: das geht nirgendwo besser als im Mauerpark. Wo einst der Todesstreifen verlief, sitzt man heute im Gras, lauscht Outdoor-Karaoke, schwingt sich auf Riesenschaukeln oder versucht sich an einer Kletterwand. Und die noch erhaltenen Teile der Mauer, die im Park stehen, werden von Graffiti-Künstlern immer wieder neu bemalt.

Dabei befand sich hier zu Mauerzeiten eine der prägnantesten Ecken: Wo die Bernauer Straße von Westen her endete, stand auf Westberliner Seite eine der bekannten Aussichtsplattformen, die einen Blick über die Grenze ermöglichten. Hier, wo Schwedter und Oderberger Straße spitz aufeinandertreffen, hatte man von oben Einblick in das Leben im Osten, konnte Menschen beobachten und die Straßenbahn, die ihre Schleife an der Endstation drehte. Etwas weiter nördlich, am Falkplatz, sonnte man sich damals auf Ostberliner Seite im Schatten der Mauer, in Sichtweite der DDR-Grenzer auf ihren Wachtürmen.

Heute kann ein Ausflug in den Mauerpark weiter ausgedehnt werden: Im Norden überspannt der Schwedter Steg die beeindruckenden Gleisanlagen des Bahn-Nordknotens. Über die Norwegerstraße erreicht man die Bornholmer Straße, wo am 9. November 1989 Tausende DDR-Bürger die Öffnung der Grenze nach West-Berlin erzwangen. Eine Freiluftausstellung auf der nördlichen Seite der Brücke erzählt von diesem historischen Ereignis.

Bald hinter der Ausstellung mit ihren Mauerresten beginnt am Rand einer Kleingartenkolonie ein Spazierweg mit japanischen Kirschbäumen, die im Frühling auf das Schönste erblühen – betörend schön.

Hinkommen

- S- und U-Bhf. Schönhauser Allee (S41, S42, S8, S85 oder U2) oder Tramhaltestelle Friedrich-Ludwig-Jahn-Sportpark (M10)

Dauer

- 1–2 Stunden

Nicht verpassen

- Flohmarkt am Mauerpark: Von bizarr bis nobel – hier gibt es fast nichts, was es nicht gibt
- Jugendfarm Moritzhof: Schafe, Ziegen, Hühner und Kaninchen gucken, die hier vorbildlich von Jugendlichen betreut werden

Vom Hügel schaut man aufs Treiben im Park

Kleine Auszeit im Grünen

13

In Berlins Schatzkammer

Museumsinsel

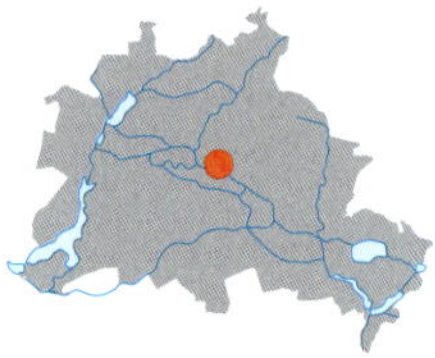

Einer der romantischsten Orte in Berlins Mitte ist der Kolonnadenhof auf der Museumsinsel. Der große, an drei Seiten von Säulengängen umgebene öffentliche Garten öffnet sich vor der Alten Nationalgalerie. Rund um einen Brunnen stehen geometrisch geschnittene Buchsbaumhecken, dazwischen Platanen und Skulpturen. Hier trifft man sich zum Museumsbesuch, zum Freiluftkino – oder einfach, weil es so ein lauschiger Ort ist.

Der Kolonnadenhof stimmt ein auf die Schätze, die die Musentempel auf der Museumsinsel beherbergen. Fünf weltberühmte Museen aus der Zeit der preußischen Herrscher bilden ein grandioses Ensemble, das 1999 zum UNESCO-Welterbe ernannt wurde. In den ganz unterschiedlichen Gebäuden sind vorwiegend die archäologischen Sammlungen und die Kunst des 19. Jahrhunderts untergebracht. Seit 2019 wird der Komplex durch die James-Simon-Galerie ergänzt, ein zentrales Empfangs- und Ausstellungsgebäude.

Betritt man die Museumsinsel vom Lustgarten aus, ragt dahinter das 1830 eröffnete Alte Museum mit seinen mächtigen Säulen auf, entworfen vom preußischen Baumeister Karl Friedrich Schinkel. Das Alte Museum führt in die Welt der klassischen Antike. Hier kann man kunstvolle Werke der alten Griechen, Etrusker und Römer bewundern – von Kleinkunst über Vasen bis hin zu Schmuck und Skulpturen. Schon der Eingangsbereich mit seinen antiken Skulpturen vermittelt das Gefühl, in einem Tempel der Kultur zu stehen.

Hinkommen

- U-Bhf. Museumsinsel (U5)

Dauer

- Pro Museum mindestens 2–3 Stunden

Info & Tickets

- www.smb.museum

Altes Museum

Die Welt des klassischen Altertums entdecken.

Bodestraße 1–3 | 10178 Berlin

Alte Nationalgalerie

Dem Charme der Meisterwerke aus dem 19. Jahrhundert erliegen.

Bodestraße 1–3 | 10178 Berlin

Der Kolonnadenhof lädt zum Entspannen vor herrlicher Kulisse ein

Das Alte Museum am Lustgarten beherbergt die Antikensammlung

Das Neue Museum zeigt die Kulturgeschichte der Ägypter, der Antike und der Vor- und Frühgeschichte. Besonders von der Hauptattraktion des Museums, der anmutigen und majestätischen Büste der Nofretete, geht eine magische Faszination aus. Das Neue Museum wurde Mitte des 19. Jahrhunderts als Erweiterung des Alten Museums erbaut. Beim Wiederaufbau 2009 hat Stararchitekt David Chipperfield das klassizistische Gebäude um raffinierte moderne Elemente ergänzt.

Die Alte Nationalgalerie beherbergt Gemälde und Skulpturen aus dem 19. Jahrhundert. Auf drei Etagen werden hier Kunst des deutschen Klassizismus und der Romantik ebenso wie Werke französischer Künstler präsentiert. Ein Höhepunkt sind die impressionistischen Gemälde von Monet, Renoir oder Manet in der zweiten Etage.

Im Pergamonmuseum, das bis Ende 2026 wegen Sanierung geschlossen ist, taucht man ein in die Welt der antiken Hochkulturen. Zu den Highlights gehören das monumentale Markttor von Milet und das türkisfarben schimmernde Ischtar-Tor. Hier schreitet man wie vor mehr als 2 600 Jahren die Prozessionsstraße von Babylon entlang. Spä-

Malerisch ragt das Bode-Museum in die Spree

testens ab 2027 wird man wieder auf den Stufen zu Füßen des Pergamon-Altars Platz nehmen können. Bis dahin ist in einem temporären Gebäude ein 360°-Panorama der antiken Stadt Pergamon zu sehen.

Auf der Nordseite der Museumsinsel liegt malerisch an der Spree das Bode-Museum, zu dem man über die Monbijoubrücke gelangt. Mit seiner majestätisch anmutenden Kuppel fällt der Neubarockbau aus dem Jahr 1904 sofort ins Auge. Hier kann man in prunkvollen Räumen die Skulpturensammlung, das Museum für Byzantinische Kunst und das Münzkabinett entdecken.

Neues Museum

Kulturgeschichte der Ägypter, der Antike und der Vor- und Frühgeschichte.

Bodestraße 1–3 | 10178 Berlin

Pergamonmuseum, Panorama

Als Ersatz für das derzeit geschlossene Pergamonmuseum entschädigt ein Besuch im Asisi-Panorama.

Am Kupfergraben 2 | 10117 Berlin

Bode-Museum

Byzantinische Kunst, Skulpturensammlung und Münzkabinett.

Am Kupfergraben | 10117 Berlin

14 Wo Berlin gemütlich ist

Nikolaiviertel

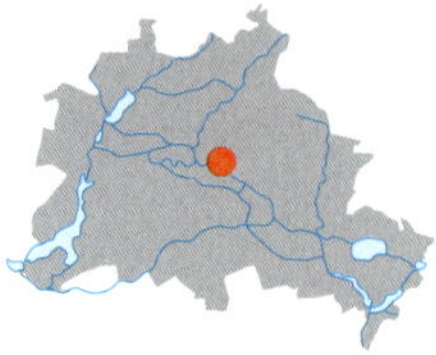

So muss es einst gewesen sein, im mittelalterlichen Berlin. Jedenfalls ein bisschen so. Rund um die Nikolaikirche, die ihren Ursprung im 13. Jahrhundert hat, drängen sich enge, lauschige Gassen mit kleinen, niedrigen Häusern – ein Altstadtidyll.

Erbaut allerdings erst im Jahr 1987. Errichtet auf der Ruinenlandschaft, die der Zweite Weltkrieg hinterlassen hatte. Häuser und Straßen wurden historischen Vorbildern nachgebildet, sodass die Illusion eines Stückchens Alt-Berlin entstand. Da man es in der DDR mit der Rekonstruktion allerdings nicht zu weit treiben konnte oder wollte, wurden, je weiter man sich von der Nikolaikirche entfernt, mehr und mehr Baulücken mit historisierenden Plattenbauten gefüllt. Entstanden ist ein in sich geschlossenes Stadtviertel mit ganz eigenem Charme. Und das an einem historischen Ort: Das Nikolaiviertel war Berlins ältestes Wohngebiet – die Wiege der Hauptstadt.

Im Mittelalter verlief an dieser Stelle eine Handelsstraße. Handwerker und Händler ließen sich am Spreeübergang nieder. Die Ansiedlung, die sich später mit Cölln auf der anderen Spreeseite zusammentat, wuchs unter den Fittichen der brandenburgischen Fürsten und Könige zu einer veritablen Residenzstadt heran.

Davon zeugen im Nikolaiviertel auch etliche rekonstruierte Häuser aus dem 16. bis 18. Jahrhundert. Zu diesen gehören das Ephraim-Palais mit seiner Rokokofassade, der gemütliche Gasthof *Zum Nußbaum,* das Wohnhaus von Gotthold Ephraim Lessing und das barocke Knoblauchhaus von 1760.

Hinkommen

- U-Bhf. Rotes Rathaus (U5)

Erleben

- Enge Gassen statt weitläufiger Boulevards: Nur der Berliner Fernsehturm über den Dächern erinnert daran, dass das Nikolaiviertel keine romantische Kleinstadt ist.

Nicht verpassen

- Nikolaikirche: Ausstellung zur 800-jährigen Geschichte der Kirche, zur Entstehung des Nikolaiviertels und zu sakraler Kunst
- Knoblauchhaus: spannender Einblick in Wohnräume und Lebenswelt einer großbürgerlichen Berliner Familie im 18. Jahrhundert

Im Nikolaiviertel gibt es lebhafte Gassen ...

... und stille Winkel

15 Dschungelgrün und Kopfsteinpflaster

Park am Gleisdreieck

Nirgendwo sonst in Berlin finden Stadt, Geschichte und Natur so innig zusammen: Der 31 Hektar große Park am Gleisdreieck ist der urbanste Park Berlins.

Bis 1945 war auf dem Gleisdreieck nichts als Bahngelände. Auf unzähligen Schienensträngen ratterten im Minutentakt Personen- und Güterzüge kreuz und quer über das weiträumige Areal. Nach Kriegsende war erst einmal Ruhe: Die Bahnhöfe und Gleisanlagen waren zerstört, Verbindungen gekappt. Einzig die West-Berliner U-Bahn-Linie 1 quietschte als Hochbahn bald wieder über das Gelände. Ansonsten war es über viele Jahrzehnte sich selbst überlassen. Dabei entwickelte sich fast unbemerkt eine schwer durchdringliche Wildnis mit ganz eigener, abwechslungsreicher Vegetation.

Seit 2011 ist aus der Stadtwildnis ein großer, einzigartiger Park geworden. Viele Elemente der spontan gewachsenen Vegetation wurden in die Gestaltung miteinbezogen. Dazu gehören die Wäldchen, die auf den Gleisen gewachsen waren. Aber auch Schienen, Kopfsteinpflaster, und Ruinen blieben erhalten. Die Eisenbahn selbst ist heute wieder präsent: Mitten durch den Park wurde die Schnellstrecke zum Berliner Hauptbahnhof gebaut. Von einer Brücke kann man den Zügen zusehen, wie sie im Citytunnel verschwinden.

Rundherum erstreckt sich der vielfältigste Park Berlins mit seinen drei Teilen Westpark, Ostpark und Flaschenhalspark, die alle ihren eigenen Charakter haben.

Hinkommen

- U-Bhf. Gleisdreieck (U1, U2, U3)

Dauer

- Im Park kann man viele Stunden verbringen

Nicht verpassen

- Im Westpark: auf der Sonnenterrasse chillen, hausgemachten Kuchen im *Café Eule* (bei den Kleingärten) probieren
- Im Ostpark: Stangenwald und Naturerfahrungsareal erkunden, den Skatern zuschauen
- Im Flaschenhalspark: die wilde Natur bestaunen und Richtung Süden spazieren

Hier trifft man sich gerne mal für eine kurze Auszeit im Grünen

Die U-Bahn hält direkt am Park

16

Knast und Herrlichkeit

Rummelsburger Bucht

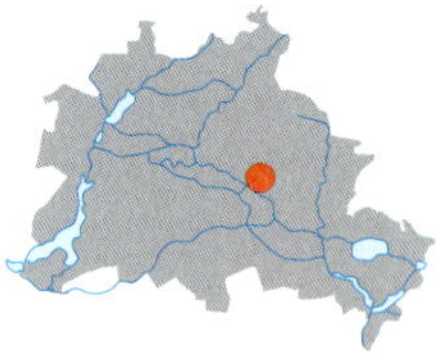

Ein Spaziergang an der Rummelsburger Bucht ist fast ein bisschen wie ein Tag am Meer. Links plätschert das Wasser, rechts lugen, meist hinter Grün versteckt, Apartmentanlagen und Townhäuser hervor. Hier und da ragen Bootsstege und Aussichtspunkte in die Bucht.

So viel Idylle war hier nicht immer. Früher prägten Industriebetriebe die Gegend – und ein berüchtigtes Gefängnis. Doch seit den 1990er-Jahren entstand auf den Industriebrachen ein neues Wohnviertel, die Wasserstadt. Und das Ufer an der Rummelsburger Bucht wurde in eine maritime Promenade verwandelt.

Das Gefängnis im südlichen Teil der Rummelsburger Bucht war Ende des 19. Jahrhunderts als Städtisches Arbeitshaus für das benachbarte Waisenhaus gebaut worden. In der DDR wurde die Einrichtung als Haftanstalt der Volkspolizei genutzt. Der berühmteste Gefangene war Erich Honecker, der nach seiner Absetzung als DDR-Staatchef 1990 eine Nacht hier verbringen musste. Bald darauf stand der eindrucksvolle Gebäudekomplex mit dem markanten Eingangsturm leer und drohte zu verfallen. Im Jahr 2007 dann die Rettung: Eine Immobiliengruppe kaufte das Gelände, nannte es Berlin Campus, und baute die Gefängnistrakte zu Miet- und Eigentumswohnungen um. Auf dem sehenswerten Gelände ist auch ein Gedenkort eingerichtet worden, der über die wechselvolle Geschichte berichtet.

Doch schon zu DDR-Zeiten hatte die Rummelsburger Bucht romantische Ecken: Hier wurden Szenen des 1973 uraufgeführten Films *Die Legende von Paul und Paula* gedreht. Zur Erinnerung an den Film heißt ein Teil des nördlichen Uferwegs heute Paul-und-Paula-Ufer.

Hinkommen

- S-Bhf. Ostkreuz (S3, S5, S7, S8, S41, S42, S75, S85) oder S-Bhf. Rummelsburg (S3)

Dauer

- 1–2 Stunden

Hafenküche

Maritimes Restaurant am Ausgang der Rummelsburger Bucht. Stylisch modern, die Lage am Wasser umwerfend und die Burger-, Fisch- und Tagesgerichte einfach perfekt.

Zur Alten Flussbadeanstalt 5 | 10317 Berlin | Tel. (030) 42 21 99 26

Schiff ahoi! an der Rummelsburger Bucht

17

Spaziergang durch die alte Mitte

Spandauer Vorstadt

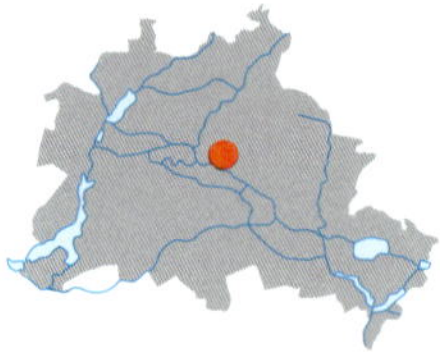

Eintauchen in das echte alte Berlin: Das geht nirgendwo besser als in der Spandauer Vorstadt. Niedrige Häuserzeilen aus dem 18. und 19. Jahrhundert vermitteln mancherorts noch heute kleinstädtischen Charme. Bei einem Spaziergang rund um die Sophienstraße meint man sogar manchmal das Geklapper von Pferdehufen zu hören.

Start am Hackeschen Markt: Der gleichnamige S-Bahnhof wurde im Jahre 1882 errichtet und ist einer von zwei original erhaltenen Stadtbahnhöfen Berlins. Die nördlichen Ausgänge führen direkt auf den quirligen Hackeschen Markt mit seinen Läden und Restaurants. Nicht zu übersehen ist der Eingang zu den Hackeschen Höfen mit Jugendstilornamenten. Die Hackeschen Höfe sind der größte und schönste Wohn- und Gewerbehof Berlins, eröffnet 1906. Im ersten Hof beeindrucken die aufwendigen Schmuckfassaden, danach folgen Gewerbehöfe mit großen Fenstern und gekachelten Wänden. Die ganze Anlage wurde nach der Wende denkmalgerecht saniert und bildet eine einzigartige Mischung aus Arbeiten, Wohnen und Kultur.

Nach neun durchquerten Höfen steht man fast unvermittelt in der Sophienstraße mit ihren jahrhundertealten Wohnhäusern und Gewerbehöfen, Läden und Kunsthandwerkern. Links eingebogen passiert man die Sophienkirche, eine 1712 von Königin Sophie Luise gestiftete schlichte Hallenkirche. Auffällig ist der barocke Kirchturm, der einzige seiner Art in Berlin. Besonderes Highlight in der Sophienstraße 21 sind die künstlerisch gestalteten Sophie-Gips-Höfe, wo neben Wandmalereien auch die private *Sammlung Hoffmann* zu finden ist. Am Ende der Sophienstraße liegt das *Sophieneck*, eine malerische Altstadtkneipe.

Hinkommen

- S-Bhf. Hackescher Markt (S3, S5, S7, S9)

Dauer

- Zum Schlendern, Staunen, sich überraschen lassen mindestens 2–3 Stunden

Nicht verpassen

- Die Jugendstilfassaden in den Hackeschen Höfen bestaunen
- Den Spuren jüdischen Lebens in der Auguststraße folgen
- Den unbekanntesten Park Berlins entdecken

In der Sophienstraße gibt es viele alteingesessene Läden

Die Hackeschen Höfe wurden 1906 eröffnet

Über die Große Hamburger Straße gelangt man in die Auguststraße, in der man neben etlichen Galerien auch Spuren jüdischen Lebens in Berlin findet. In Clärchens Ballhaus kann auch heute noch geschwoft werden, das Tanzlokal mit der verwitterten Fassade ist eine Institution und hat noch jeden Wandel überstanden.

Etwas weiter befinden sich die Kunst-Werke Berlin, die hochkarätige Ausstellungen zeitgenössischer Kunst zeigen. Schräg gegenüber in der Auguststraße 11–13 liegt die ehemalige jüdische Mädchenschule, wo Galerien, ein Museum und hochgelobte Gastronomie zu finden sind. Kurz vor der Tucholskystraße zweigen links die Heckmann-Höfe ab, weitere Kunst- und Gewerbehöfe mit historischen Gebäuden. An ihrem Ende gelangt man auf die geschäftige Oranienburger Straße. Rechts schräg gegenüber kann man noch einen Blick auf die Fassade des nach der Wende besetzen Künstlerhaus Tacheles werfen. Heute sind rund um die berühmte Ruinenfassade luxuriöse Wohngebäude entstanden.

Wenige Meter weiter links erhebt sich die 1866 erbaute Neue Synagoge mit ihrer eindrucksvollen, goldschimmernden Kuppel. Das im

Golden glänzt die Kuppel der Synagoge in der Oranienburger Straße

Zweiten Weltkrieg zerstörte Gebäude wurde nur im vorderen Teil wiederaufgebaut, hier befindet sich das Centrum Judaicum mit einer Ausstellung zur Synagoge.

200 Meter weiter in der Oranienburger Straße 19–20 führt ein unscheinbares Tor in den Krausnickpark, den vermutlich unbekanntesten Park Berlins. Verborgen hinter den Fassaden der Oranienburger Straße tut sich unvermittelt eine grüne Oase auf. Aus einer ehemals privaten Gartenanlage ist ein öffentlicher Park entstanden, der von einem Anwohnerverein liebevoll gepflegt wird.

Gasthaus Sophieneck

Institution seit den 1990er-Jahren. Urige Kneipe, bodenständige regionale Küche wie Soljanka, Bouletten und Kassler zu moderaten Preisen.

Große Hamburger Straße 37 | 10115 Berlin | Tel. (030) 2 83 40 65 | www.sophieneck-berlin.de

Strandbad Mitte

Kein Freibad, sondern ein angesagtes Café mit gutem Frühstück, ideenreicher internationaler Küche aus Biozutaten im schlichten Lokal mit Außentischen.

Kleine Hamburger Straße 16 | 10117 Berlin | www.strandbad-mitte.de

18 Grüner Zipfel mit Geschichte

Stralau

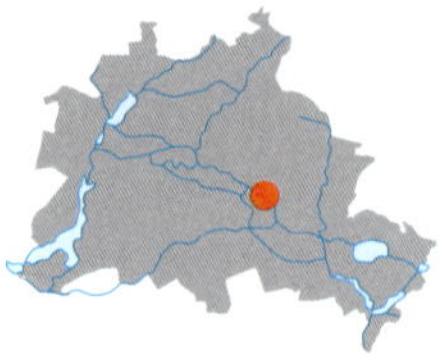

Schon Karl Marx wusste die schöne, ruhige Wasserlage zu schätzen. Er wohnte während seines Studiums 1837 einen Sommer lang auf Alt-Stralau. Heute kann man die Halbinsel auf einem reizvollen Uferweg umrunden, dabei Parks durchstreifen, auf eine Liebesinsel blicken und am Sportboothafen vom großen Törn träumen.

Die Halbinsel Stralau hat schon vieles kommen und gehen sehen. Im 13. Jahrhundert gab es hier nur ein abgelegenes Fischernest. Ungefähr 300 Jahre später entstand im Dorf der Stralauer Fischzug: Nach einer festgelegten Schonzeit durften die Fischer am Bartholomäustag, dem 24. August, wieder auf Fischfang gehen. Den Ertrag der ersten Fischzüge erhielt der Pfarrer. Aus dem Brauch entwickelte sich ein rauschendes Volksfest, das jährlich Tausende Berliner anzog.

Im 19. Jahrhundert kam die Industrie nach Stralau. Es entstanden Brauereien, Bootswerften, Fabriken und Mietskasernen für die Arbeiter. Sichtbares Überbleibsel aus dieser Zeit ist der Palmölspeicher an der Rummelsburger Bucht, der heute zum Wohnen und Arbeiten genutzt wird. Damals wurde die Halbinsel von der Straßenbahn erschlossen, doch es kam noch moderner: Zwischen 1899 und 1932 fuhr die Tram durch einen Tunnel unter der Spree nach Treptow, eine technische Pionierleistung ersten Ranges.

Während in der DDR-Zeit auf Alt-Stralau noch etliche Fabriken das Bild prägten, begann hier nach der Wende eine komplett neue, postindustrielle Phase: Neue Wohnquartiere und Stadtvillen wurden gebaut, eine Marina entstand und um die komplette Halbinsel wurde ein lauschiger Uferweg angelegt.

Hinkommen

- S-Bhf. Treptower Park (S8, S9, S41, S42, S85)

Dauer

- Für einen Spaziergang rund um die Halbinsel sollte man sich mit Pausen mindestens zwei Stunden Zeit nehmen

Nicht verpassen

- Das Karl-Marx-Denkmal besuchen (am Südufer nahe Friedrich-Junge-Straße)
- Die Dorfkirche Alt-Stralau mit schiefem Turm besichtigen (der Kirchturm neigt sich um 5 Grad)

An der Rummelsburger Bucht steht noch der alte Palmölspeicher

In der modernen Marina legen Freizeitkapitäne an

19 Die große Weite

Tempelhofer Feld

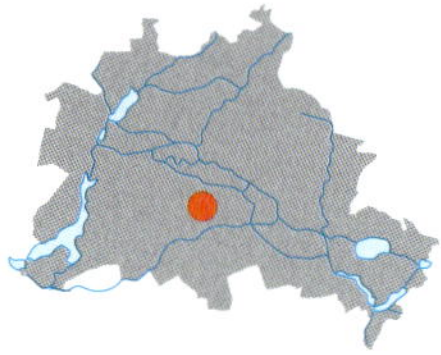

Der größte Spielplatz für Kinder wie Erwachsene in Berlin misst fast drei mal drei Kilometer und liegt zwischen Tempelhof, Kreuzberg und Neukölln. Bis 2008 war hier der Flughafen Berlin-Tempelhof. In seinen besten Zeiten starteten und landeten Flugzeuge im Minutentakt. Weltberühmt wurde der Flughafen während der Berlinblockade 1948/49, als täglich Hunderte Versorgungsflugzeuge hier ankamen. Vor dem monumentalen, halbkreisförmigen Flughafengebäude steht noch eine Propellermaschine, ein „Rosinenbomber", aus dieser Zeit.

Heute beeindruckt der ehemalige Flughafen mit seiner grandiosen Kulisse vor allem als riesiges Freizeitgelände für alle. Die alten Start- und Rollbahnen sind beliebt bei Skatern und Radfahrern, die Wiesen dazwischen bieten Platz für alle nur denkbaren Aktivitäten. An den Rändern sind idyllische Plätzchen für Urban Gardening entstanden. Es gibt Grill- und Picknickbereiche, Hunde können sich in drei Auslaufgebieten austoben.

Ausflugsziel war das Tempelhofer Feld schon in früheren Zeiten. Ab dem 18. Jahrhundert war das Areal zwar ein Exerzierplatz, an den Wochenenden aber – wenn das Militär frei hatte – strömten die Berliner und Berlinerinnen zu Tausenden aufs Tempelhofer Feld, um dort ihre Freizeit zu verbringen. Ganze Familien kamen mit Fresskörben, Liegestühlen und Sonnenschirmen, um dort zu picknicken. Damit war es dann erst einmal vorbei, als Anfang der 1920er-Jahre der Flughafen Tempelhof entstand.

Hinkommen

Drei Eingänge:

- Tempelhofer Damm (S- und U-Bhf. Tempelhof; S41, S42, S45, S46 sowie U6)
- Oderstraße (von Neukölln, 7 Minuten zu Fuß vom U-Bhf. Boddinstraße; U8)
- Columbiadamm (von Kreuzberg, Bus 104, Haltestelle Friedhöfe Columbiadamm)

Gastronomie

- Der *Tempelgarten* nahe dem Eingang Columbiadamm bietet unter anderem Eis, Kaffe und Bier mit einer tollen Atmosphäre.
- Auf der Neuköllner Seite werden am südlichen Eingang Oderstraße fertig gefüllte Picknickkörbe zum Mitnehmen angeboten
- Mobiler Burger-Stand in der Nähe des Haupteingangs Columbiadamm

Take-off – aber nicht mehr für Flugzeuge

Das Tempelhofer Feld bietet viel Platz für Kreativität

20 Frei und für alle

ufaFabrik

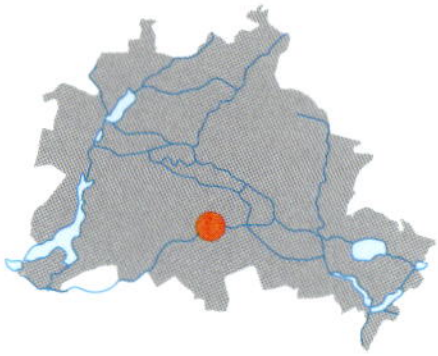

Es war einmal ein verlassenes Filmkopierwerk in den 1970er-Jahren. Und ein Häuflein bunt gekleideter, junger Menschen, die einen Platz zum Zusammenleben und -arbeiten suchten. Anders wollten sie leben, solidarisch, gemeinsam, entspannt. Als die besagten jungen Menschen das alte Filmproduktionsgelände in Tempelhof entdeckten, war es um sie geschehen: Hier wollten sie bleiben! Also besetzten sie kurz entschlossen das ufa-Gelände, luden viele Leute ein und probten neue Formen des Zusammenlebens und -wirtschaftens.

Und so ist das noch heute. Rund 40 Menschen leben mittlerweile ganz legal auf dem zwei Hektar großen Gelände mit Bullerbü-Charme. Sie betreiben kulturelle und soziale Projekte, führen Handwerksbetriebe und Läden. Sogar eine kleine Freie Schule ist hier. Insgesamt gibt es auf dem ufa-Gelände circa 200 Arbeitsplätze.

Seit ihren Anfängen ist die ufaFabrik ein offenes Zentrum für Kultur und alternatives Leben. So kann man auf dem ufa-Gelände heute ins Theater oder Varieté gehen, Musik lauschen, im Sommer unterm Sternenhimmel Kino schauen, im Bioladen gesund produzierte Lebensmittel einkaufen, im Café leckeren Vollkornkuchen essen. Für Kinder gibt es einen Kinderbauernhof, eine Kinderzirkusschule und einen Spielplatz. Man kann Tanzkurse besuchen oder asiatische Selbstverteidigung lernen. Oder einfach über das Gelände spazieren und sich inspirieren lassen vom wunderbar kreativen Ambiente.

Hinkommen

- U-Bhf. Ullsteinstraße (U6)
- und fünf Minuten Fußweg bis zur Victoriastraße 10–18

  www.ufafabrik.de

Erleben

- Auf einen Ökokaffee, zum Einkaufen, Theater, Konzert oder einfach zum Bummeln

Nicht verpassen

- Im *Rudi & Rosa* mit Sommergarten lecker frühstücken (geht auch nachmittags) und vollwertigen Kuchen essen. Auch leckeren Mittagstisch und kleine Gerichte gibt es hier.
- Kultur im Theatersaal und an der Sommerbühne erleben
- Bio-Brot aus der ufa-Bäckerei einkaufen

Vor dem *Rudi & Rosa* sitzt man schön im Grünen

Konzerte und Theateraufführungen finden auch unterm Zeltdach statt

21 Zille sein Milljöh

Victoriastadt

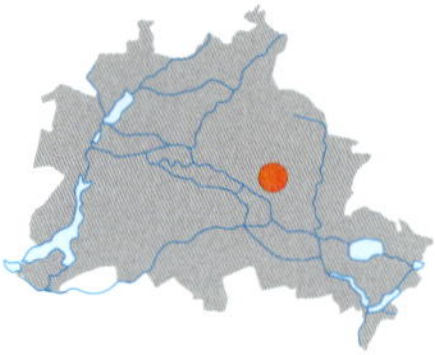

Ein Ausflug in die Victoriastadt ist ein bisschen wie eine Reise in eine Kleinstadt der Gründerzeit. Komplett umschlossen von Bahntrassen bildet der Kaskelkiez, wie die Victoriastadt auch genannt wird, ein fast geschlossenes Altbauidyll mit Remisen und kleinen Werkstätten in den Hinterhöfen.

Benannt nach der britischen Königin Victoria wurde die Victoriastadt Ende des 19. Jahrhunderts als Arbeitersiedlung für die Fabrikarbeiter in Rummelsburg und Friedrichsfelde errichtet. Zunächst waren die Wohnstandards sehr einfach: In den Anfangsjahren mussten sich die Bewohner mit einer Gemeinschaftszisterne begnügen, es gab weder Gas, noch Elektrizität oder Wasser in den Gebäuden. Es war Heinrich Zilles „Milljöh": Der Zeichner und Fotograf hat fünf Jahre in der Victoriastadt gelebt und viele Eindrücke aus dem Kiez in seinen Werken festgehalten.

Den Zweiten Weltkrieg überstand der Victoriakiez fast unbeschadet. Nach dem Ende der DDR wurden 1990 etliche der heruntergekommenen Häuser besetzt. Später wurde der Stadtteil Straße für Straße saniert und komplett unter Denkmalschutz gestellt.

Hinter den stuckverzierten Vorderhäusern lassen sich oft Hinterhöfe entdecken, in denen sich verwunschene Remisen und Werkstätten verbergen. Die Victoriastadt gehört heute zu den architektonischen Juwelen Berlins und ist eine begehrte Wohngegend mit rund 3 500 Einwohnern. Einen schönen Einstieg in den Kaskelkiez hat man von der Pfarrstraße/Ecke Marktstraße. Die Pfarrstraße wird von der Kaskelstraße gekreuzt. Früher oder später landet man am östlichen Ende der Kaskelstraße, wo man scharf rechts in die Türrschmidtstraße um die Ecke biegt, um zum zentralen Tuchollaplatz zu gelangen.

Hinkommen

- S-Bhf. Ostkreuz (S3, S5, S7, S8, S41, S42, S75, S85) oder S-Bhf. Nöldnerplatz (S5, S7, S75)

Dauer

- Eine Stunde

Nadia und Kosta

Das kleine Café im 50er-Jahre-Vintage-Stil verwöhnt seine Gäste mit leckeren Muffins und Sandwiches.

Türrschmidtstraße 32 | 10317 Berlin

Wo Kaskel- und Türrschmidtstraße aufeinandertreffen, geht es scharf um die Ecke

Der Tuchollaplatz ist ein gemütlicher Kiezort

22

Gipfelkreuz und Wasserfall

Viktoriapark

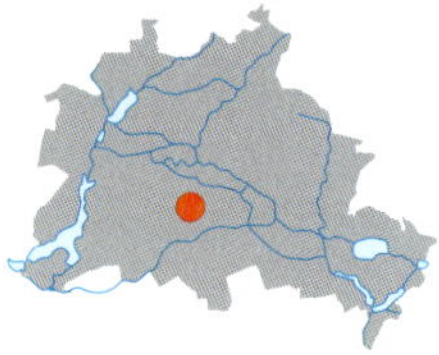

Seit 1821 thront auf dem Kreuzberg das Nationaldenkmal. Das achteckige, gusseisernere Monument, das geformt ist wie der Turm einer gotischen Kathedrale, symbolisiert den Sieg über Napoleon in den Befreiungskriegen 1813. Dass hier eines Tages einer der romantischsten Orte Berlins sein würde, war bei der Einweihung nicht zu erwarten.

Die Romantik hielt rund 70 Jahre später Einzug auf dem Kreuzberg, als um den 66 Meter hohen Hügel der Viktoriapark angelegt wurde. Von 1888 bis 1894 wurde der sandige Hügel mit moderater Steigung als verspielte Parkanlage mit gebirgsähnlichem Charakter gestaltet. Der Clou im Park ist bis heute der spektakuläre, künstliche Wasserfall, der einem natürlichen Vorbild im Riesengebirge nachempfunden wurde. Eingebettet in eine Bergkulisse rauscht er knapp unterhalb des Nationaldenkmals über Felsenterrassen ins Tal, bis er kurz vor der Großbeerenstraße in einem großen Becken zur Ruhe kommt. Abenteuerlustige Menschen können über enge, verschlungene Pfade entlang des Wasserfalls bis zum Sockel des Nationaldenkmals kraxeln. Alle anderen werden wohl den bequemeren Weg mit moderater Steigung bevorzugen. So oder so wird man oben mit einer fantastischen Aussicht auf das Häusermeer der Berliner Innenstadtbezirke belohnt. Kein Wunder also, dass der Gipfel des Kreuzbergs ein perfekter Treffpunkt für ein Rendezvous ist.

Doch der Viktoriapark hat noch mehr zu bieten: Große Liegewiesen mit Talblick, alte Baumbestände und eine weitere Naturinszenierung, die Wolfsschlucht östlich des Wasserfalls, die an ein Tal im Schwarzwald erinnert.

Hinkommen

- U-Bhf. Mehringdamm (U6, U7)

Dauer

- 2–3 Stunden, um die Aussicht zu genießen und den Park zu erkunden

Nicht verpassen

- Auf der Terrasse im Biergarten *Golgatha* den Nachmittag vertrödeln – oder eine Etage tiefer eine Nacht durchtanzen
- Über die nahe Bergmannstraße flanieren, in originellen kleinen Geschäften stöbern und in Straßencafés einkehren

Der Wasserfall stürzt vom 66 Meter hohen Kreuzberg hinab

23 Märchenbrunnen und Kletterfelsen

Volkspark Friedrichshain

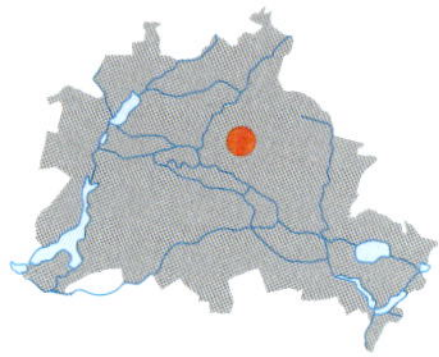

Was für ein Entree: Im weiten Becken des Märchenbrunnens sprudelt aufs Schönste kühles Nass aus Grimm'schen Figuren. Und stimmt Besucher und Besucherinnen auf einen großen Volkspark ein, der reich an Geschichte und Attraktionen ist.

Der Volkspark Friedrichshain wurde im 19. Jahrhundert für die Bewohner der umliegenden Arbeiterviertel angelegt. Dass der Park ein Park des Volkes ist, wurde schon im Eröffnungsjahr 1848 sichtbar: Nachdem während der Märzrevolution über 250 Berliner und Berlinerinnen bei Barrikadenkämpfen gegen die Monarchie starben, wurden sie im neuen Volkspark am Friedrichshain begraben. Bis heute erinnert der Friedhof der Märzgefallenen an der Südostseite des Parks an sie. Doch auch die Monarchie ist im Park vertreten: Am Rondell nahe dem Ententeich thront ein nach historischem Vorbild rekonstruiertes Denkmal Friedrichs des Großen. Nach ihm ist der Park benannt.

Im Lauf der Jahre wurde der Volkspark immer wieder erweitert. Der berühmte Märchenbrunnen entstand 1913. In der DDR-Zeit wurde die kultige Restaurantanlage gebaut, die heute Biergarten und Café *Schönbrunn* beherbergt. Damals waren aus den beiden Bunkerbergen schon veritable grüne Höhenzüge geworden.

In der Nachwendezeit wurde der Park umfassend rekonstruiert, modernisiert und um viele neue Anziehungspunkte ergänzt. Dazu zählt die große Parkerweiterung mit Skaterbahn, Kletterfelsen und Beachvolleyballfeld, die sich zum Mekka für sportlich aktive Menschen entwickelt hat. Wer es ruhiger und familiärer mag, trifft sich im älteren Teil des Parks zum Spazierengehen.

Hinkommen

- Tramhaltestelle Am Friedrichshain (M4)

Dauer

- Ein paar Stunden. Beste Zeit: Morgens, wenn die Natur erwacht und man den Park noch für sich hat.

Nicht verpassen

- Am Märchenbrunnen verabreden
- Den Großen und Kleinen Bunkerberg besteigen
- In den Biergarten des Cafés *Schönbrunn* einkehren
- An einem Sommerabend einen Film im Freilichtkino ansehen

Auf den weiten Wiesen im Volkspark Friedrichshain ist Platz für ein Picknick

Ein wunderbar verträumter Ort: der Märchenbrunnen

Grüne Orte ganz nah

Schnell mal raus in kleine Paradiese

24 Ausflug für alle Sinne

Botanischer Garten

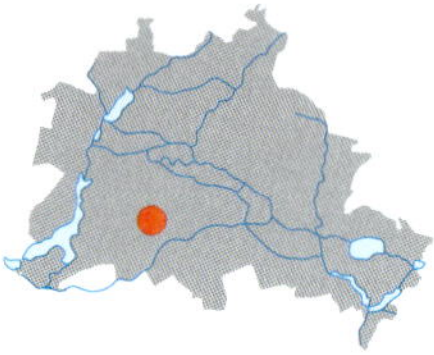

Eintauchen in die Welt der Pflanzen: Das geht in Berlin nirgendwo besser als im Botanischen Garten, einem der größten Deutschlands. Zwischen spektakulären Tropenhäusern, kunstvoll angelegten Gärten und weiteren botanischen Attraktionen erlebt man hautnah, wie faszinierend und vielfältig die Flora der Erde ist.

Dabei lohnt sich ein Besuch im Botanischen Garten zu jeder Jahreszeit. In 15 Schaugewächshäusern lässt sich auch im Winter eine regelrechte Blütenpracht in den Gärten genießen. Der Star unter den Gewächshäusern ist das Große Tropenhaus, wo man zwischen Palmen, Riesenbambus und Lianen in die Pflanzenwelt zwischen Karibik und Südsee eintaucht. Eine Abteilung ist den amerikanischen Tropen gewidmet, in der anderen wandelt man durch die tropische Flora Afrikas, Asiens und Australiens. Im feuchtwarmen Klima des Tropenhauses entwickeln sich riesige Palmen, Farne und die größten Blüten des Pflanzenreichs. Das 1907 erbaute Große Tropenhaus gilt als herausragendes Beispiel für die Glas-Stahl-Architektur der Jahrhundertwende. Der gläserne Pflanzentempel ragt mit seinen 25 Metern Höhe unübersehbar im östlichen Teil des Botanischen Gartens hervor.

Zu den architektonischen Schmuckstücken gehört auch das über 100 Jahre alte Victoriahaus. Namensgeberin für das romantische Gewächshaus ist die Riesenseerose Victoria, die hier zu sehen ist. Außerdem beherbergt der Glaspavillon tropische Sumpf- und Wasserpflanzen.

Am meisten zu entdecken gibt es im Botanischen Garten natürlich von Frühjahr bis Herbst. Dann kann man in dem weitläufigen, 43 Hektar großen Außengelände nacheinander

Hinkommen

- S-Bhf. Botanischer Garten (S1; Eingang Unter den Eichen/ Begonienplatz)
  oder
  Haltestelle Königin-Luise-Platz/ Botanischer Garten, Bus X83, Bus 101 (Eingang Königin-Luise-Straße 6–8)

★ Botanischer Garten

Königin-Luise-Straße 6–8 | 14195 Berlin | Tel. (030) 83 85 01 00 | www.bgbm.org | Täglich 9–20 Uhr (Kassen und Gewächshäuser schließen um 18:30 Uhr)

Im Victoriahaus kann man die gleichnamige Riesenseerose bewundern

Wer Pflanzen liebt, ist hier goldrichtig

durch verschiedene Klimazonen und Regionen, durch die Botanik der Alpen, des Kaukasus und des Himalajas wandeln. Oder den Sumpf- und Wassergarten erkunden. In einem Arzneipflanzengarten sind außerdem über 200 Heilpflanzen zu entdecken, die nach medizinischen Anwendungsbereichen geordnet sind. Bei jeder Pflanze ist vermerkt, gegen welches Zipperlein sie hilft.

Es gibt einen italienischen Garten und ein Arboretum, wo die verschiedenen Baum- und Straucharten nach ihrer natürlichen Verwandtschaft gruppiert sind. Im 3000 Quadratmeter großen Duft- und Tastgarten riecht es nach Koriander, Schnittlauch oder Goldlack. Hier ist Anfassen erwünscht!

Der Botanische Garten in Steglitz-Lichterfelde wurde zwischen 1897 und 1910 nach Plänen des Architekten Alfred Koerner angelegt. Seine Wurzeln sind aber viel älter. Schon im 17. Jahrhundert ließ der Große Kurfürst an der Stelle, wo heute in Schöneberg der Kleistpark ist, einen Küchenkräuter-, Obst- und Lehrgarten anlegen. Als der Garten Ende des 19. Jahrhunderts aus allen Nähten platzte, beschloss man den Umzug zum heutigen Standort.

Noch mehr Spannendes über

Im Großen Tropenhaus wandelt man durch die verschiedenen tropischen Zonen

die faszinierende Welt der Pflanzen erfährt man im sehenswerten Botanischen Museum, das am Eingang Königin-Luise-Straße liegt.

Übrigens: Wenn es im Berliner Winter richtig kalt wird, lädt der Botanische Garten zu seinen Tropischen Nächten. Mit Cocktailglas in der Hand und Musik im Ohr kann man dann unter Palmen den europäischen Winter vergessen. Im Sommerhalbjahr locken Botanische Nächte, der Berliner Staudenmarkt oder die Orchideenschau zahlreiche Gäste an.

Botanisches Museum

Mitteleuropas einziges rein Botanisches Museum. Wissenswertes zur Verbreitung von Arten. Die Dauerausstellung im Botanischen Museum ist wegen Modernisierungsarbeiten voraussichtlich bis 2025 geschlossen. Sonderausstellungen und der Garten können weiterhin besucht werden.

Königin-Luise-Straße 6–8 | Die Eintrittskarte für den Botanischen Garten gilt auch für das Botanische Museum

Café Victoria

SB-Café am Haupteingang der Gewächshäuser. Kuchen, Kaffee, kleine Snacks mit Blick über den italienischen Garten und auf die Gewächshäuser.

25 Zwischen Hexengarten und Mühle

Britzer Garten

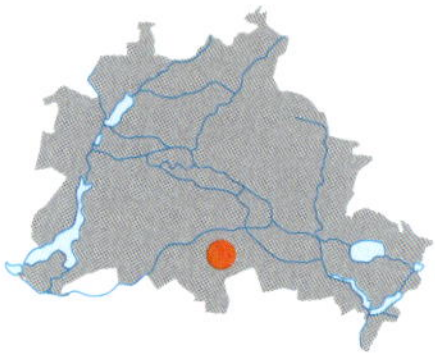

Rauschende Wildbäche, blühende Wiesen, Hügel, Seen und futuristische Bauten: Der Britzer Garten ist der große, moderne Landschaftspark im Berliner Süden. 1985 für die Bundesgartenschau angelegt, wurde er seitdem erweitert und bietet für jede Jahreszeit besondere Attraktionen. Berühmt ist die Tulipan-Schau: Jedes Jahr im April und Mai blühen Hunderttausende Tulpen in den wunderbarsten Farben.

Betritt man am Eingang Buckower Damm den Britzer Garten, leuchtet im Mai und Juni bald rechts das Blütenmeer des Rhododendronhains. Weiter auf dem Hauptweg gelangt man vorbei am Geologischen Garten zum Herzstück des Britzer Gartens mit seiner zehn Hektar großen Seenlandschaft. Rundherum liegen Themengärten wie der Rosengarten. Ein Wasserspielplatz und Spiellandschaften bieten Überraschendes. So erinnert der Hexengarten mit seinen bis zu zwei Meter hohen Mauern an eine Burgruine. Hier kann man mittelalterliche Zierpflanzen wie Akelei, Walderdbeeren und Trollblumen bewundern.

Auf einem Aussichtshügel entspringen kleine Wasserfälle. Sehenswert im Britzer Garten sind auch der Kalenderplatz mit einer überdimensionalen Sonnenuhr, eine außergewöhnliche Brücke mit spitz zulaufenden Stelen und futuristische Bauten wie das Bistro am schilfbewachsenen Seeufer.

Auch große Tiere leben im Britzer Garten: Auf den weitläufigen Wiesen stößt man immer wieder auf eingezäunte Flächen, auf denen Rinder, Schafe und Ziegen weiden.

Hinkommen

Sechs Eingänge, darunter:

- Buckower Damm (Bus M44 bis Haltestelle Britzer Garten)
- Mohriner Allee (Bus 181 bis Haltestelle Rotkopfweg)

Dauer

- Mindestens ein halber Tag

Um die Ecke

Britzer Mühle
Am Rand des Britzer Gartens steht am Buckower Damm die 1865 erbaute Britzer Mühle. Die 20 Meter hohe Holländermühle ist eine der letzten funktionsfähigen Windmühlen in Berlin. Nebenan im ehemaligen Müllerhaus lädt ein Restaurant mit Sommergarten zum Verweilen ein.
www.britzermuehle.de

Im Britzer Garten sind insgesamt sagenhafte 250 000 Tulpenzwiebeln verpflanzt

Das Restaurant im Britzer Garten beeindruckt mit seiner einzigartigen Architektur

26 Und jetzt in aller Ruhe

Bürgerpark Pankow

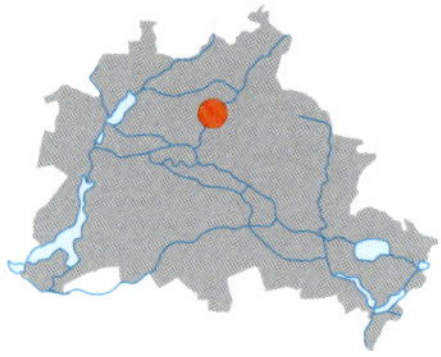

Die verspielteste grüne Oase im Berliner Norden ist der Pankower Bürgerpark. Schon das üppig verschnörkelte Eingangstor an der Wilhelm-Kuhr-Straße verströmt mediterrane Leichtigkeit. Durch die drei großen Rundbögen gelangt man vorbei an Blumenrabatten zum plätschernden Springbrunnen.

Der 12 Hektar große Bürgerpark in Pankow entstand ab 1856 als opulenter Landsitz für die Familie eines Zeitungsverlegers. Bald kam ein Landschaftsgarten nach englischem Muster hinzu. Als weiterer Höhepunkt wurde um 1865 jener italienische Triumphbogen gebaut, durch den man noch heute in den Park schreitet. Das ehemalige Herrenhaus gibt es nicht mehr. Seit der Park 1907 von der Gemeinde Pankow gekauft wurde, heißt er Bürgerpark und ist für alle zugänglich. Geprägt wird er von weiten Wiesenflächen, teils 150 Jahre alten Bäumen und dem Flüsschen Panke, das mittendurch fließt. Auffällig sind die Skulpturen im Park, etwa eine Büste des Schriftstellers Heinrich Mann. Ein Kleinod ist der Rosengarten mit dem historischen Musikpavillon.

Für noch mehr Abwechslung sorgt ein Tiergehege, in dem Bergziegen leben. In Volieren kann man auch Pfauen, Fasane und seltene Tauben bestaunen. Noch mehr Tiere leben auf dem nahen Kinderbauernhof *Pinke Panke.*

Kaum mehr vorstellbar ist heute, dass noch bis vor Kurzem die Anmut des Parks im Minutentakt von Düsenjets gestört wurde, die hier im Landeanflug auf Berlin-Tegel hinüberdröhnten.

Hinkommen

- S-Bhf. Wollankstraße (S1, S25, S26, S85) oder Tramhaltestelle Bürgerpark (M1)

Erleben

- Zeit im Park verbringen: Auf der Wiese liegen, Ziegen streicheln, im Park-Café sitzen, in der Parkbücherei Bücher und Spiele ausleihen.

Café-Restaurant und Biergarten Rosengarten

Idyllisch im Bürgerpark gelegenes Park-Café. Hier gibt es neben Eis und Kuchen auch Speisen wie Flammkuchen und Pizza, Currywurst und vegetarische Pastagerichte.

Im Bürgerpark |
Tel. (030) 48 47 88 50 |
www.rosengarten-pankow.de

Der Musikpavillon ist eigebettet in den Rosengarten

27 Bauernhof mit U-Bahn-Anschluss

Domäne Dahlem

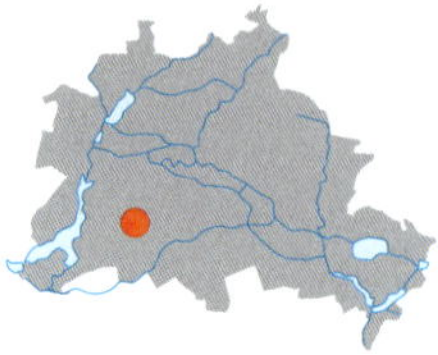

Lust auf Landluft mitten in der Stadt? Die Domäne Dahlem, ein historisches Rittergut, ist heute ökologischer Bauernhof und landwirtschaftliches Museum in einem. Hier, wo seit 800 Jahren Landwirtschaft betrieben wird, kann man mehr über den Werdegang von Lebensmitteln erfahren.

Einen Rundgang durch das Museum beginnt man am besten im Herrenhaus von 1560. Hier wird anschaulich die Ernährungskultur in Deutschland um das Jahr 1900 vermittelt. Dabei kann man einen historischen Kaufmannsladen besichtigen, die Geschichte der Imkerei betrachten und in der Fleischerei alles rund um das Thema Wurstherstellung erfahren. Weiter geht es nebenan im ehemaligen Pferdestall, wo man im *Culinarium* den Weg der Lebensmittel „vom Acker bis zum Teller“ verfolgen kann.

Auf den angrenzenden Feldern des Bio-Bauernhofes kann man die Äcker und Wiesen sowie die Tiere auf den Weiden beobachten. Auf dem Hof leben insbesondere Tierarten, die vom Aussterben bedroht sind, wie das Rauhwollige Pommersche Landschaf oder das Deutsche Sattelschwein.

Auch den Handwerkern auf dem Gelände der Domäne, vom Hofschmied über den Restaurator bis hin zur Vergolderin, darf man (werktags) bei der Arbeit über die Schulter schauen.

Fürs leibliche Wohl auf der Domäne sorgen Landgasthaus und Biergarten. Hier werden Gerichte aus heimischen Zutaten serviert. Gern darf man aber auch Speisen und Getränke für ein Picknick mitbringen und sich auf den ausgewiesenen Liegewiesen niederlassen.

Hinkommen

- U-Bhf. Dahlem-Dorf (U3)

Dauer

- 3–4 Stunden sollte man sich Zeit nehmen, um die Domäne mit ihrem Freigelände und den Museen zu durchstreifen

★ Domäne Dahlem

Königin-Luise-Straße 49 | 14195 Berlin | www.domaene-dahlem.de | Das Freigelände ist täglich von 7–22 Uhr geöffnet, Hofladen: Mo–Fr 10–18, Sa 8–14 Uhr, Ökomarkt: Sa 8–13 Uhr

Das barocke Herrenhaus von 1560 gilt als ältestes Wohngebäude Berlins

Hier kann man das Deutsche Sattelschwein putzmunter erleben

28 Die Bölsche rauf zum Müggelsee

Friedrichshagen

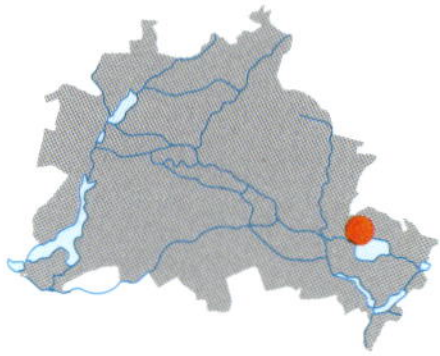

Ein Ausflug nach Friedrichshagen kann glücklich machen. Das hat mit der herrlichen Lage am Müggelsee zu tun – aber nicht nur. Denn gleich am S-Bahnhof beginnt die Bölschestraße, die schönste und charaktervollste Flaniermeile im Berliner Südosten. Auf ihr spaziert man Richtung Müggelsee. Vorbei an kleinen Läden und Cafés passiert man den Marktplatz, auf dem ein Reiterdenkmal Friedrichs II. thront. Er war es, der Friedrichshagen im 18. Jahrhundert gründete. Und zwar als Siedlung für böhmische und schlesische Baumwollspinner und Seidenraupenzüchter. Bis heute wird die Bölschestraße gesäumt von Maulbeerbäumen, die einst gepflanzt wurden, um die Seidenraupen zu ernähren.

Schon im 19. Jahrhundert entwickelte sich Friedrichshagen zum beliebten Ausflugsort. Später entdeckten auch Künstler die schöne Lage am See. Es entstand der Friedrichshagener Dichterkreis, und mit ihm eine Kulturszene. Bis heute ist der Ort beliebt als Wohnort für Kulturschaffende.

Am Ende der Bölschestraße gelangt man, links vorbei an der stillgelegten Bürgerbräu-Brauerei, in den Müggelpark. Der lauschige Park mit vielen alten Bäumen grenzt direkt an den Müggelsee. Von der Treppenanlage am Wasser hat man einen wunderbaren Ausblick auf das weite Gewässer bis hinüber zu den Müggelbergen auf der anderen Seeseite. Dorthin gelangt man durch einen Tunnel, der vom Park unter der Müggelspree hindurchführt. Von hier kann man kilometerweit am Müggelsee entlangspazieren.

Hinkommen

- S-Bhf. Friedrichshagen (S3)

Spazierengehen am Müggelsee

- Am südlichen Ufer erreicht man nach zwei Kilometern den Biergarten Rübezahl am Wasser. In der Nähe liegt auch eine Bushaltestelle (Bus 169), von der man zurückfahren kann.

Baden im Müggelsee

Seedbad Friedrichshagen
Das kleine, feine Strandbad hat einen flach abfallenden Sandstrand.

Müggelseedamm 216 | www.seebad-friedrichshagen.de

Strandbad Müggelsee
400 Meter langer Sandstrand im legendären Strandbad am Nordufer.

Tram 61 ab Friedrichshagen

Wunderbare Wasserlage: In Friedrichshagen ist es nie weit zum Großen Müggelsee

Auch der hübsche Müggelpark liegt am Wasser

29 Ins weite Grün eintauchen

Grunewald

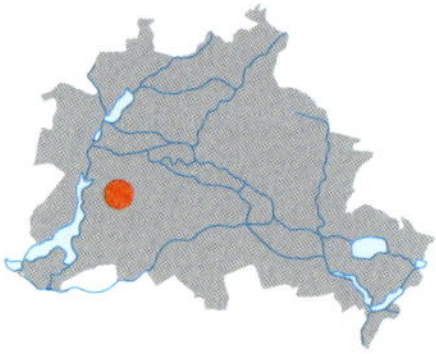

Der Wald liegt in Berlin gleich um die Ecke, nämlich am S-Bahnhof Grunewald, also gefühlt kurz hinterm Kudamm. Zugegeben, vorab muss man noch durch den etwas finsteren Tunnel unter der AVUS durch. Doch gleich dahinter wird man in die wunderbaren Weiten des Grunewalds eingesogen. Zunächst führen noch breite Wege in die Tiefe des Forstes. Auf dem breiten, diagonal verlaufenden Schildhornweg passiert man bald eine riesige, 25 Meter tiefe Sandgrube. Sie entstand aus einer ehemaligen Kiesgrube. Heute kann man hier toll picknicken oder einfach herumtollen.

Tiefer im Wald verzweigen sich die Wege. Halb rechts glitzert der idyllische Teufelssee durchs Geäst, im Sommer ein Refugium von Anhängern des hüllenlosen Badens. Am See rechts abgebogen zeigt ein Wegweiser Richtung Ökowerk. In dem Naturschutzzentrum erfährt man spielerisch Spannendes über das Leben im Wald, im dazugehörigen Café gibt es biologisch hergestellte Leckereien.

Am Teufelssee weiter geradeaus verengt sich der Schildhornweg. Die Spaziergänger werden weniger, der Grunewald urwüchsiger. Wer an der nächsten Verzweigung halb links abbiegt und dann immer weiter geradeaus über Hügel und durch Senken wandert, sieht nach eineinhalb Stunden den Grunewaldturm durchs Geäst schimmern. Die Aussichtsplattform des Ende des 19. Jahrhunderts erbauten Turms liegt in 36 Metern Höhe und lohnt die Mühe des Aufstiegs. Am Fuß des Turms liegt ein Restaurant mit Biergarten – ein beglückender Ort mit Havelblick.

Hinkommen

- S-Bhf. Grunewald (S7)

Wegkommen

- Haltestelle Grunewaldturm (Bus 218)

Rumkommen

- Wanderung bis zum Grunewaldturm circa 6 Kilometer (1,5 Stunden)

Nicht verpassen

- Am Rand der Sandgrube picknicken
- Die Weite des Waldes genießen
- Auf den Grunewaldturm steigen und über die Aussicht staunen

Sandgrube am Schildhornweg: Einmal Runterkullern, bitte!

Zum Grunewaldturm geht es immer geradeaus

30 Baden und Waldbaden

Krumme Lanke

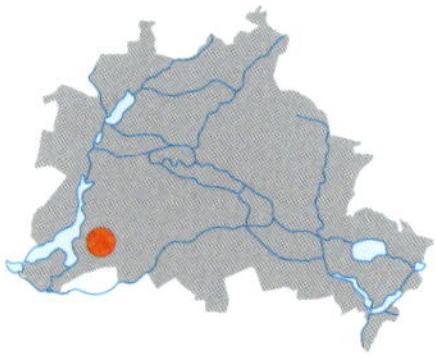

An der Krummen Lanke geht fast alles: Einmal um den See spazieren, mit dem Fahrrad umrunden, (sonnen)baden an der großen Badewiese (mit oder ohne Textil) oder an kleinen, sandigen Badestellen am Nordufer. Angler finden in der Krummen Lanke 15 unterschiedliche Fischarten. Dabei ist der Badesee in Zehlendorf mitten im Grunewald, der zur Grunewaldseenkette gehört, weniger stark frequentiert als sein Nachbar, der Schlachtensee.

Ihren Namen hat die Krumme Lanke von ihrer gekrümmten Form. Einstmals gab es hier ein Dorf, Crumense genannt. 1251 kauften Mönche vom Zisterzienserorden die Ansiedlung. Bald darauf wurde der Weiler verlassen und verfiel. Bei Grabungen wurde in der Wüstung slawische Keramik gefunden. Deshalb geht man davon aus, dass auch slawische Siedler im Dorf gelebt haben.

Davon sieht man heute ebenso wenig wie von dem britischen Bomber, der während des Zweiten Weltkriegs in die Krumme Lanke stürzte. Dafür kann man sich an dem fast vier Kilometer langen Uferweg freuen, der fast komplett am Waldrand verläuft. Sozusagen Waldbaden mit Wasseranschluss, denn die Krumme Lanke bietet sich vielerorts für einen Sprung ins kühle Nass an.

Vom südlichen Ende des Sees, an dem die große Badewiese liegt, sind es nur 300 Meter über die Fischerhüttenstraße bis zum Schlachtensee. Der ist mit der Krummen Lanke über einen schmalen Wasserlauf verbunden. Hier liegt auch gleich die *Fischerhütte,* ein Ausflugslokal mit schönen Plätzen am Wasser.

Hinkommen

- U-Bhf. Krumme Lanke (U3)
- und 15 Minuten über die Fischerhüttenstraße zum See

Dauer

- Eine Seeumrundung dauert rund eine Stunde

Fischerhütte am Schlachtensee

Das historische Gasthaus, gegründet 1723, liegt direkt am Ufer des Schlachtensees. Serviert werden klassische Gerichte wie Weißwurst und Matjesfilet. Im beliebten Biergarten gilt Selbstbedienung, es gibt kleine Snacks wie Kuchen, Pommes und Brezeln.

Fischerhüttenstraße 136 | 14163 Berlin | Tel. (030) 80 49 83 10 | www.fischerhuette-berlin.de

Die Krumme Lanke ist Teil der Grunewaldseenkette

31 Mit der Fähre nach Wendenschloss

Müggelberge

Die Gegend um Grünau war für viele Berliner und Berlinerinnen immer schon ein Sehnsuchtsort. Kein Wunder, denn hier kann man nicht nur in üppigen Wäldern spazieren, sondern auch an den Stränden des Langen Sees baden. In früheren Zeiten gab es sogar berühmte Ausflugslokale am Wasser.

Bis heute gleitet die Fähre F12 über die Dahme von Grünau nach Wendenschloss – ein Erlebnis, eine winzige Reise, die in eine andere Welt entführt. Drüben ist es dann gleich noch etwas stiller, grüner und vornehmer. Durch kopfsteingepflasterte Straßen gelangt man auf den Uferweg. Er führt vorbei am Strandbad Wendenschloss und weiter entlang des Langen Sees. Gegenüber, auf der anderen Uferseite, liegt die Tribüne für die Regattastrecke, die für die Olympischen Spiele 1936 gebaut wurde. Vorbei an der ehemaligen Ausflugsgaststätte *Schmetterlingshorst* gelangt man bald zur (beschilderten) Abzweigung nach links Richtung Müggelturm. Ab jetzt geht's in den Wald – und bald schon treppauf in die Müggelberge. Doch der Aufstieg lohnt sich, auch wenn es gleich noch weiter hoch geht, nämlich die 126 Stufen bis zur Aussichtsplattform auf dem Müggelturm. Von hier aus hat man einen fantastischen Rundblick. Am Fuß des Turms bieten drei Restaurants leckere Stärkung für erschöpfte Menschen an.

Auf der anderen Seite des Turms geht es wieder hügelabwärts. Vorbei am Teufelssee erreicht man eine Haltestelle an der Müggelheimer Straße, von der ein Bus Richtung Köpenick abfährt.

Hinkommen

- S-Bhf. Grünau (S8, S46, S85)
- und 10 Minuten Fußweg bis zur Fähre über die Dahme

Wegkommen

- Haltestelle Rübezahl (Bus 169)

Dauer

- Ein halber Tag, davon 6 Kilometer Wanderung

Nicht verpassen

- Den Wassersportlern auf dem Langen See zuschauen
- Den Blick vom Müggelturm genießen
- Den Teufelssee umrunden

Mit der Fähre geht es von Grünau nach Wendenschloss

Hier geht es hinauf in die Müggelberge!

32 Spazieren in der Eiszeitschlucht

Murellenschlucht

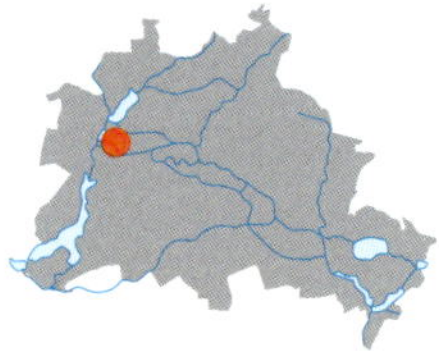

Eine Schluchtenwanderung in Berlin? Lässt sich machen! Ist zwar nicht so spektakulär wie im Grand Canyon, aber trotzdem ein Erlebnis. Auch braucht man keine Sorge vor Gedränge zu haben – die Murellenschlucht ist ein echter Insidertipp. Sie versteckt sich gleich hinter der Berliner Waldbühne. Das stille, 33 Meter tiefe Tal schmiegt sich an 62 Meter hohe Hänge. Der Einstieg liegt an der Glockenburgallee, wo ein schmaler Weg in das Naturschutzgebiet Murellenschlucht und Schanzenwald abzweigt.

Schon an der ersten Weggabelung führt eine steile Treppe hinunter in die Schlucht. Wer keine Treppenstufen mag, kann auch über den sanft abfallenden Rundweg allmählich in den Talkessel eintauchen. Dort lassen sich seltene Pflanzen und geheimnisvolle Lichtungen entdecken.

Entstanden ist die Murellenschlucht während der letzten Eiszeit. Aber auch Menschen haben diese besondere Mikrolandschaft geschaffen. Denn zwischen 1840 und 1994 wurde das Gebiet militärisch genutzt. So war die große Lichtung in der Mitte des Geländes früher einer von mehreren Schießplätzen. Während der Naziherrschaft lag in der Murellenschlucht ein Ort des Schreckens: In den letzten Monaten des Zweiten Weltkriegs erschoss die Wehrmacht hier mehrere Hundert ihrer eigenen Soldaten, die nicht mehr für Hitler kämpfen wollten. An die Ermordeten erinnert eine Kunstaktion mit über 100 Verkehrsspiegeln, die den Weg in die Schlucht säumen.

Hinkommen

- S-Bhf. Pichelsberg (S3, S9)
- Den Wegweisern zur Waldbühne folgen, links davon führt ein Waldweg zur Murellenschlucht

Dauer

- 2–3 Stunden sollte man zum Entdecken der Murellenschlucht einplanen

Um die Ecke

Glockenturm am Olympiastadion
Von der Aussichtsplattform des 77 Meter hohen Turms hat man einen tollen Blick über die Gefilde der Murellenschlucht, den Grunewald, das Olympiagelände und weit darüber hinaus. Nach oben fährt ein gläserner Aufzug.

Am Glockenturm 1 | 14053 Berlin | www.glockenturm.de

Die ehemalige Schießwiese dient heute friedlichen Zwecken

Links neben der Waldbühne geht es hinunter in die Murellenschlucht

33 Wildnis, Kunst und Bahnromantik

Naturpark Südgelände

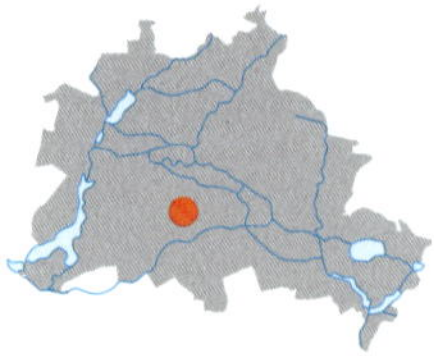

Aussteigen am S-Bahnhof Priesterweg und eintauchen in einen Naturpark der anderen Art: Auf einem alten Bahngelände dehnt sich dschungelartiger Wald aus, durch den verschlungene Pfade und eiserne Stege führen. Doch der Zauberwald birgt noch mehr Überraschungen.

Einst befand sich auf dem Gelände der Rangierbahnhof Tempelhof. Er wurde nach dem Zweiten Weltkrieg nach und nach stillgelegt. Seitdem ist hier mitten in der Großstadt ein artenreiches Naturreservat mit über 350 Pflanzenarten, Pilzen und zahlreichen Vogel- und Insektenarten entstanden.

Bauten der Bahn-Epoche sind noch erhalten, darunter die große Lokhalle. Wo früher Lokomotiven gewartet wurden, wird heute Kunst gemacht. Überhaupt: Auf dem Schöneberger Südgelände gehen Technik, Kunst und Natur eine überaus reizvolle Verbindung ein. Vielerorts gibt es etwas zu entdecken, werden halb verrostete Überbleibsel der Bahnzeit zum geheimnisvollen Gegenstand, stehen Kunstobjekte unvermittelt am Wegesrand.

Die Eisenbahn-Epoche ist weiter präsent: Schon von fern überragt der 57 Meter hohe Wasserturm, der 1927 erbaut wurde, die Baumkronen. Er ist eine Art Wahrzeichen des Naturparks. Eine alte Dampflok steht dekorativ am Rand des Dickichts, in den offenen Führerstand darf man hineinschauen.

Wer keine Höhenangst hat und etwas Klettergeschick, sollte unbedingt den eisernen Hochsitz erklimmen – und den innerstädtischen Urwald von oben betrachten.

Hinkommen

- S-Bhf. Priesterweg (S2, S25, S26)

Dauer

- 2–3 Stunden kann man gut im Naturpark Schöneberger Südgelände verbringen. Schön ist auch der Spaziergang durch den Grüngürtel von hier zum Park am Gleisdreieck.

Café Paresüd

Von April bis Oktober bietet das Café nahe der großen Lokhalle an Wochenenden und Feiertagen leckere Kuchen, Quiches und andere kleine Speisen an. An ausgewählten Sonntagen im Sommer gibt es auch ein üppiges Brunch-Büfett (bitte auf die Website schauen).

Prellerweg 47–49 | 12157 Berlin | www.paresued.de

Der alte Wasserturm ragt aus dem Blätterdach des Naturparks heraus

Hier hat sich die Natur über die Jahre ihr Gebiet zurückerobert

34

Villen am See

Obersee & Orankesee

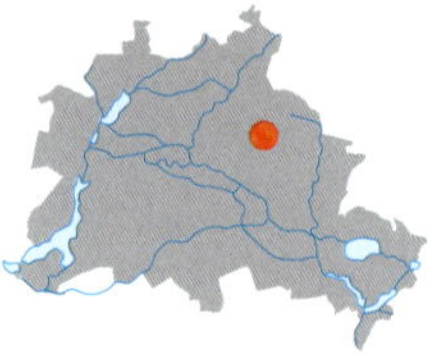

Eine Runde um den Obersee drehen ist ein entspanntes Vergnügen. Der Uferweg, der von Roteichen, Ahornbäumen und Hängeweiden gesäumt ist, bietet viele hübsche Ausblicke. Und gleich nebenan liegt der Orankesee, der sich auch umrunden lässt.

Von der Tramhaltestelle Oberseestraße in Alt-Hohenschönhausen führt die Oberseestraße geradewegs zum gleichnamigen See. Dort kann man entweder an der Ecke Käthestraße gleich direkt hinunter zum Seeuferweg oder erst einmal die Villen in der Oberseestraße bestaunen.

Einen architektonischen Leckerbissen gibt es in der Oberseestraße 60: Hier steht eine vom Star-Architekten Ludwig Mies van der Rohe (dem Erbauer der Neuen Nationalgalerie) 1933 fertiggestellte Villa. Der wunderbar klar gestaltete, schlichte Bungalow mit den bodentiefen Fenstern zum See hin dient heute Ausstellungen und kann besichtigt werden. Anlaufpunkt an der Südseite des Obersees ist der unübersehbare Wasserturm, in dem an den Wochenenden eine Bar öffnet.

Wo der Obersee im Westen endet, ist es nur ein Katzensprung durch die Parkanlage zum Orankesee mit seinem beliebten Strandbad. Hier kann es an heißen Tagen schon mal voller werden. Denn das 1929 eröffnete Strandbad bietet einen feinen Sandstrand, Beachvolleyball-Felder, Wasserrutschen und eine Liegewiese.

Unterhalb des Orankesees findet man sommers im Biergarten der *Orankesee-Terrassen* Idylle unter Schatten spendenden Bäumen. Gemütlich kann man hier den Blick über den See schweifen lassen.

Hinkommen

- Tramhaltestelle Oberseestraße (M5 und M8)

Dauer

- Seeumrundung je 15 Minuten, mit Villen bestaunen und Biergarten besuchen 2–3 Stunden

Bar im Wasserturm

Im Erdgeschoss des 23 Meter hohen Backsteinturms befindet sich heute eine Bar mit schönem Blick auf den Obersee. Sie ist manchmal wegen Veranstaltungen geschlossen, dann strahlt auf dem Dach ein rotes Leuchtband (wenn offen = grün).

Waldowstraße 20 | 13053 Berlin | Tel. (01 78) 5 38 97 45 | www.berlin-wasserturm.de

Am Obersee steht die Skulptur *Die Sonnenanbeterin*

35

Ab durch die Mitte

Pankeweg

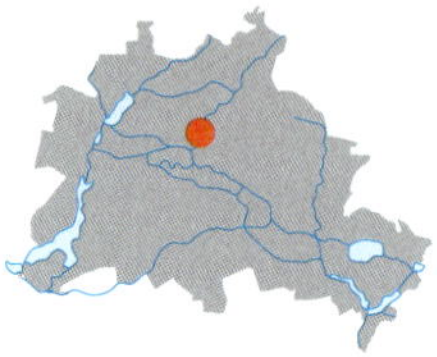

Von der Mitte Berlins zieht sich der Pankeweg wie ein grünes Band durch den Nordosten der Stadt bis hinaus nach Bernau. Der Abschnitt bis Pankow ist ein besonders schöner, grüner Stadtspaziergang.

Die Panke entspringt bei Bernau und mündet nach 29 Kilometern in Berlin-Mitte in die Spree. Fast auf der ganzen Länge wird sie vom Pankeweg begleitet, einem herrlichen Rad- und Wanderweg.

In Berlin-Mitte kann man gleich unweit des U-Bahnhofs Schwartzkopffstraße in den Panke-Trail einsteigen. Rechts und links von eindrucksvollen Industriebauten umgeben, schlängelt sich der Weg bald durch den dicht besiedelten Stadtteil Wedding in Richtung Nordosten. Am Wegesrand liegen Architekturjuwelen wie die Uferstudios, die 1928 im Stil der Neuen Sachlichkeit für die BVG erbaut wurden. Eine Augenweide ist im Ortsteil Gesundbrunnen die Bibliothek am Luisenbad, die zwischen Panke und Travemünder Straße liegt. Das ehemalige Badehaus gehörte zu einem Freizeitkomplex, der rund um eine 1760 entdeckte Heilquelle entstanden war. Seit dem Umbau 1995 gilt das repräsentative Gebäude als eine der schönsten Bibliotheken Berlins.

Nachdem der Pankeweg mehrmals die Seite des Flüsschens gewechselt hat, ist bald Pankow erreicht. Hier wird es dann richtig grün: Der Weg führt zunächst durch den Bürgerpark (► Seite 70), dann über die Parkstraße mit ihren hübschen Villen und durchquert schließlich, vorbei am Schloss, den Schlosspark Pankow (► Seite 94).

Hinkommen

- U-Bhf. Schwartzkopffstraße (U6)
- Vom U-Bhf. 5 Minuten entlang der Chausseestraße Richtung Norden, an der Ecke Liesenstraße beginnt rechts die Grünanlage mit dem Pankeweg

Wegkommen

- S- und U-Bhf. Pankow (S2, S8 sowie U2)

Mirabelle

Nahe dem Bürgerpark Pankow liegt das herrlich ruhig gelegene Café-Restaurant mit toller Terrasse. Früher war hier um die Ecke die Mauer, heute führt der Pankeweg entlang. Es gibt regionale Gerichte, hausgemachten Kuchen und wunderbaren Kaffee.

Schulzestraße 27 | 13187 Berlin | Tel. (030) 40 04 99 04 | www.cafe-mirabelle.com

Nationalpark? Nein, Pankeweg!

Die Panke ist fast überall von Grün gesäumt

36 Königlich spazieren

Schlossgarten Charlottenburg

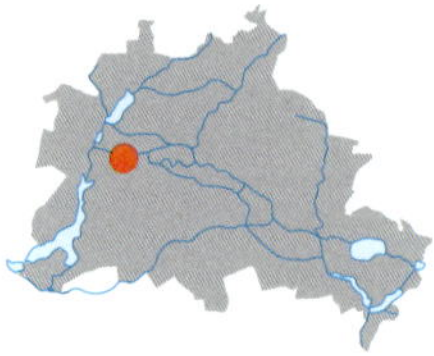

Lustwandeln wie die Könige: Im Schlossgarten Charlottenburg ist vieles noch wie vor 300 Jahren. Das gilt auch für das prächtige Schloss, das sich mit seiner goldglänzenden Kuppel majestätisch am südlichen Ende des Parks entlangstreckt.

Schloss und Schlosspark wurden ab 1697 in mehreren Etappen als Sommerresidenz für Sophie Charlotte gebaut. Die Gemahlin des Kurfürsten Friedrich III. ließ den Park von einem Schüler eines berühmten Versailler Hofgärtners errichten. So entstand der erste Barockgarten, der in Deutschland angelegt wurde. Bis heute kann man die Anlage mit Buchsbaumbordüren in Beeten aus mehrfarbigem Kies und das Wasserbecken mit Fontäne bewundern.

Praktischerweise lagen Schloss und Park direkt an der Spree, sodass die erlauchten Herrschaften und ihre Entourage bequem mit dem Boot anreisen konnten, um hier glanzvolle Feste mit Musik, Tanz und Feuerwerk zu feiern. Die Hausherrin Sophie Charlotte war eine sehr gebildete Frau, die bekannte Persönlichkeiten an ihren Hof holte, wie Gottfried Wilhelm Leibniz. Zusammen mit dem Philosophen setzte sie sich für die Gründung einer wissenschaftlichen Akademie zu Berlin ein, die dann im Jahr 1700 gegründet wurde.

Die barocke Schlossanlage wurde bald erweitert, denn Sophie Charlotte, ab 1701 erste Königin in Preußen, musste ihren Hofstaat vergrößern. Nach ihrem frühen Tod 1705 – sie wurde nur 36 Jahre alt – benannte der König das Anwesen und das angrenzende Dorf, das bis

Hinkommen

- U-Bhf. Richard-Wagner-Platz (U7), S-und U-Bhf. Jungfernheide (U7 sowie S41, S42) oder S-Bhf. Westend (S41, S42, S46)

Wann

- Täglich ab 8 Uhr

Nicht verpassen

- Im charmanten Aussichtspavillon Belvedere von 1788 königliches Porzellan bestaunen
- Mit etwas mehr Zeit das Schloss mit seinen originalgetreu eingerichteten Räumen und der hochkarätigen Kunstsammlung besuchen
- Den Neuen Pavillon nicht übersehen, ein Meisterwerk Schinkels im Stil einer italienischen Villa

Fast wie in Versailles: Schloss und Schlosspark Charlottenburg

Das anmutige Sommerhaus Belvedere steht mitten im Park

dahin Lietzenburg hieß, ihr zu Ehren in Charlottenburg um.

Ab 1709 wurde das Schloss erweitert und die markante Schlosskuppel errichtet. Auf der Westseite entstanden die Orangerie und eine Kapelle. Friedrich der Große ließ die barocke Anlage weiter pflegen. Unter seinen Nachfolgern wurde der Park ab 1819 von Peter Joseph Lenné als englischer Garten, also naturnah, umgestaltet. Im Karpfenteich entstand die Luiseninsel, benannt nach der ebenfalls früh verstorbenen, sehr beliebten Königin Luise. Auch sie verbrachte viele Sommer in der Charlottenburger Residenz und liebte den Schlosspark. An der Südspitze der Insel steht eine Statue mit dem Liebesengel Amor, an der Nordspitze das Bronze-Antlitz von Luise, die mit Friedrich Wilhelm III. (König von 1796 bis 1840) verheiratet war.

Für Königin Luise wurde auch das von Carl Friedrich Schinkel entworfene Mausoleum errichtet. Es liegt im westlichen Teil des Parks, wo eine Douglasienallee vom Schloss zum Grabmal führt. Von Schinkel stammt außerdem der Neue Pavillon mit den grünen Fensterläden in der Südostecke des Parks von 1824. Das anmutige Som-

Die Hohe Brücke im Schlossgarten Charlottenburg ist hübsch anzuschauen

merhaus ist einer italienischen Villa nachempfunden.

Nach dem Zweiten Weltkrieg, in dem Schloss und Schlossgarten stark beschädigt worden waren, wurde der Barockgarten hinter dem Schloss restauriert, in den weiteren Bereichen der Landschaftsgarten wiederhergestellt und Liegewiesen und Spielplätze am Nordrand angelegt. So kann man heute im Park auch wunderbar sonnenbaden, picknicken oder Fußball spielen. Oder aber den lauschigen Ecken von Sophie Charlotte und Luise nachspüren.

Kleine Orangerie

Perfekt für eine Kaffeepause nach dem Spaziergang im Park. Tolle Kuchen und Torten. Kleine, aber schöne Karte mit Leckereien aus der deutschen Küche. Es herrscht Selbstbedienung. Im Sommer sitzt man sehr schön draußen auf der Terrasse. Allerdings kann es am Wochenende schon mal voller werden, deshalb besser reservieren.

Spandauer Damm 20 |
14059 Berlin |
Tel. (030) 3 22 20 21 |
Mi–So 11.30–18 Uhr

37 Der romantische Barockgarten

Schlosspark Pankow

Der Schlosspark Pankow hat etwas Märchenhaftes. Mit der Panke, die ihn durchfließt, dem alten Baumbestand und dem barocken Schloss Schönhausen ist er eine der anmutigsten Grünflächen der Stadt. Dabei sind es streng genommen zwei Parks: Der große, äußere Bereich des Schlossparks ist geprägt von geschwungenen Wegen und ausgedehnten Wiesenflächen. Rund um das Schloss aber findet sich ein repräsentativer Garten mit Schlossterrasse, Teehaus und Springbrunnen, der vom restlichen Park abgetrennt ist. Ursprünglich ist der gesamte Park als barocke Gartenanlage für Schloss Schönhausen entstanden.

Vor mehr als 300 Jahren angelegt, erlebten Garten und Schloss ihre Blütezeit unter Königin Elisabeth Christine (1715–97), die, so die Überlieferung, von ihrem Gatten Friedrich II. weitgehend ignoriert wurde. Die Monarchin ließ das damals bescheidene Palais zur heutigen Größe und Gestalt ausbauen und lebte hier in den Sommermonaten.

Nach dem Zweiten Weltkrieg residierte zunächst Wilhelm Pieck, der erste und einzige Präsident der DDR, im barocken Prachtbau. Deshalb wurde ein Teil des Parks abgetrennt. Später wurde das Schloss zum Gästehaus der DDR umgebaut, Staatsgäste wie Fidel Castro oder Michail Gorbatschow logierten hier.

Heute ist Schloss Schönhausen ein Museum. Das Erdgeschoss ist Königin Elisabeth Christine gewidmet. Im Obergeschoss ist die Einrichtung des DDR-Gästehauses ausgestellt. Besonders eindrucksvoll ist das Badezimmer im schrillen 70er-Jahre-Design.

Hinkommen

- Tramhaltestelle Pankow Kirche (M1)

Dauer

- Für Schlosspark und Schloss 2–3 Stunden

Nicht verpassen

- Im Schlosspark den Windungen der Panke folgen
- Hinter dem Schloss die lauschigste Wiese Pankows entdecken
- Im Schloss den Rokoko-Festsaal und die DDR-Gästewohnung inspizieren

Königin Elisabeth Christine lebte viele Jahre im Schloss Schönhausen

In der barocken Parkanlage stehen knorrige alte Bäume

38 Das Gartenparadies

Späth-Arboretum

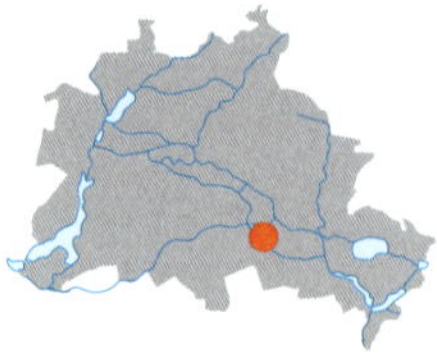

Hier geraten nicht nur Gartenenthusiasten ins Schwärmen: Das Späth-Arboretum in der Köllnischen Heide ist ein lebendiges Gartendenkmal und Baumschule in einem. Neben dem wundervollen Gehölzgarten, dem Kräutergarten und dem Skulpturengarten finden Hobby- und Profigärtner hier alles nur Erdenkliche zum Anpflanzen und Dekorieren.

Hauptanziehungspunkt ist der große Gehölzpark in der historisch geschützten Kernzone, das eigentliche Arboretum. Mit seinen unzähligen, liebevoll beschilderten Gewächsen aus aller Welt, seinen schmalen Wegen, den Wasserläufen und einem kleinen Teich ist er ein Kleinod ganz besonderer Art.

Das Arboretum entstand als Teil des 1720 gegründeten Späth'schen Gartenbaubetriebes. 1864 zog Franz Späth mit seinem Betrieb an den heutigen Standort nahe der Köllnischen Heide. Zeitweise betrieb der Botaniker hier die größte Baumschule der Welt. Daraus entstammt auch der Name des Stadtteils Baumschulenweg.

1879 wurde das Arboretum nach Plänen des Berliner Stadtgartendirektors Gustav Meyer im Stil eines englischen Landschaftsparks umgestaltet. Es diente nicht nur als Park, sondern auch als Prüfungsstätte für neu eingeführte Gehölze und als Schaupflanzung für Kunden.

Das Späth-Arboretum gehört heute zur Mathematisch-Naturwissenschaftlichen Fakultät der Humboldt-Universität. Es beherbergt circa 1 200 Gehölzarten und -sorten, darunter viele Späth'sche Einführungen.

Hinkommen

- Haltestelle Baumschulenweg/Königsheideweg (Bus 170 oder 265 ab S-Bhf. Baumschulenweg)

Dauer

- Mindestens 1–2 Stunden

★ Späth-Arboretum

Späthstraße 80–81 | 12437 Berlin | www.spaethsche-baumschulen.de | Geöffnet Anfang Apr.–Ende Okt. | Pflanzenverkauf, Hofladen und Kräutergarten März–Sep.

Späth's – das Gasthaus

Mi–So 12–22 Uhr

Das Herrenhaus der Späth'schen Baumschule ist von Gärten umgeben

Im Gehölzpark mit seinen exotischen Bäumen gibt es viele lauschige Plätze

39 Eintauchen ins verwunschene Bachtal

Tegeler Fließ

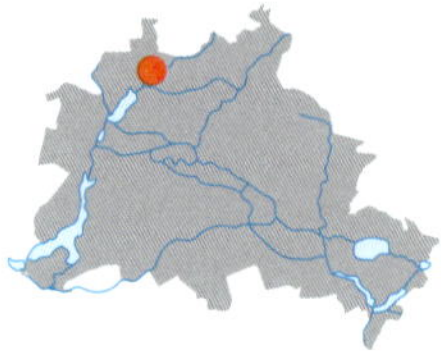

Eine der eindrucksvollsten Naturoasen in Berlins Norden ist das Tegeler Fließ. Auf Spazierwegen und Holzbohlensteigen über urige Sümpfe erlebt man ein wunderbares Bachtal, das zum Entdecken einlädt.

Das Tegeler Fließ ist ein circa 30 Kilometer langer Wasserlauf, der sich aus zwei Quellbächen bei Bernau speist und in den Tegeler See mündet. Im Stadtgebiet Berlin mäandert das Fließ zwischen Lübars und Tegel über zehn Kilometer durch besonders schöne Abschnitte.

Ein guter Einstieg ins Bachtal von Tegel aus befindet sich am Waidmannsluster Damm. Dazu nimmt man vom S-Bahnhof Tegel die Buddestraße, biegt am Waidmannsluster Damm rechts unter der Autobahnbrücke durch und wechselt an der Ampel auf die andere Straßenseite. Nach wenigen Metern zweigt links der Fuß- und Radweg zum Tegeler Fließ ab. Von hier an einfach dem Wanderschild Barnimer Dörferweg folgen – und die urwüchsige Bachlandschaft genießen. Der Weg führt teils direkt am Bachlauf entlang, teils auch durch Wald und Wiesen, ab und an wird der Wasserlauf auf Brücken überquert. Mit etwas Glück kann man auf Nasswiesen Wasserbüffel stehen sehen. Kurz vor Waidmannslust liegen Kähne im grünlichen Wasser, hier wähnt man sich fast im Spreewald.

Nachdem man den Oraniendamm überquert und den Hermsdorfer See passiert hat, gelangt man bald zum Höhepunkt des Spaziergangs: Der Eichwerdersteg, ein 150 Meter langer Bohlensteg, führt direkt durch die Flussaue mit ihren verwunschenen Moorwiesen. Im Schutzgebiet tummeln sich Vögel.

Hinkommen

- S-Bhf. Tegel (S25)
- Einstieg ins Tegeler Fließ am Waidmannsluster Damm, Höhe Friedhof am Fließtal

Wegkommen

- Alt Lübars (Bus 222 zum S-Bhf. Waidmannlust)

Nicht verpassen

- Auf dem Eichwerdersteg die Moorwiesen überqueren
- Den Dorfkern von Alt-Lübars anschauen, hier scheint die Zeit stehen geblieben zu sein
- Im Strandbad Lübars schwimmen gehen, denn im Ziegeleisee lässt es sich herrlich baden

Der Eichwerdersteg schlängelt sich bei Lübars durch die Flussaue

40 Spionage und Weitblick

Teufelsberg & Drachenberg

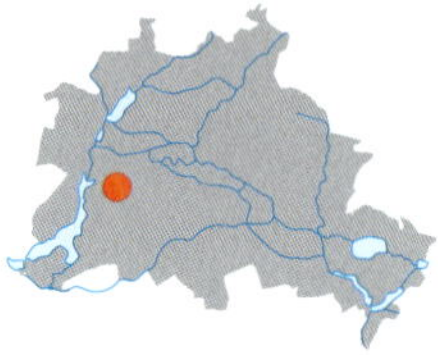

Berge gibt's auch in Berlin. Am Rand des Grunewalds stehen sogar gleich zwei für hiesige Verhältnisse respektable Gipfel fast nebeneinander. Der eine, der Teufelsberg, ist weltberühmt. Vom anderen, dem Drachenberg, hat man eine fantastische Aussicht auf die Stadt und auf das Blätterdach des Grunewalds.

Der Teufelsberg hat Geschichte geschrieben: Wie so manche Erhebung in Berlin wurde er nach dem Zweiten Weltkrieg aus Trümmerschutt errichtet. Mit seinen 120 Metern ist er der zweithöchste Berg Berlins. In den 1970er-Jahren wurde sogar eine Skipiste samt Skilift eingerichtet, auf den übrigen Hängen pflanzte man Bäume. Berühmtheit erlangte der Teufelsberg aber erst durch die Spionageeinrichtungen der USA. Von hier oben wurden, unter den markanten Radarkuppeln verborgen, mit Satellitenschüsseln Funksignale aus dem Ostblock abgefangen, abgehört und teils gestört. Nach dem Ende des Kalten Kriegs 1989 verfiel die Anlage mehr und mehr. Heute werden die teils maroden Gebäude von Künstlern genutzt. Im Rahmen von Führungen kann man das Gelände erkunden und es sich sachkundig erläutern lassen.

Ganz anders der Drachenberg nebenan: Hat man erst einmal die 99 Höhenmeter über Treppensteige oder Serpentinenwege erklommen, gibt es oben nur eins: ein weitläufiges Plateau mit einem sensationellen Rundblick über Berlin und den Grunewald. Der kleine Nachbar des Teufelsbergs, ebenfalls aus Trümmerschutt entstanden, ist deshalb heute viel populärer als der Teufelsberg. Hier oben wird die Aussicht genossen, gepicknickt und gefeiert.

Hinkommen

- S-Bhf. Heerstraße (S3, S9)
- und 15 Minuten bis zum Fuß des Drachenbergs, bis zum Teufelsberg weitere 20 Minuten

Dauer

- Die beiden Berge schafft man locker in 2–3 Stunden

Nicht verpassen

- Sich durch die Abhörstation auf dem Teufelsberg führen lassen *www.teufelsberg-berlin.de*
- Eine Runde im nahen Teufelssee schwimmen
- Im Café des Naturschutzzentrums Ökowerk leckeren Kuchen essen *www.oekowerk.de*

Von den Kuppeln des Teufelsbergs wurde einst Osteuropa abgehört

Vom Drachenberg reicht der Blick weit über Berlin

41

Weite, Wiesen, Wonnepark

Tiergarten

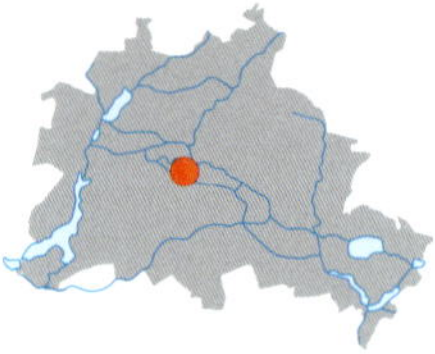

Wo gibt es denn sowas: Mitten in der Stadt ein verschwenderisch großer Park, 210 Hektar groß. Klar, den Tiergarten glauben alle zu kennen. Dabei gibt es hier so viel zu entdecken, so viele lauschige Ecken, Teiche und Seen, kleine Wäldchen und interessante Sehenswürdigkeiten, Monumente und Denkmäler.

Wo soll man am besten anfangen? Am Brandenburger Tor! Dort beginnt nämlich, vom Berliner Schloss aus gesehen, der Tiergarten. Obwohl, nicht ganz: Bevor die Residenzstadt Berlin sich bis zum Brandenburger Tor ausdehnte, fing der Tiergarten schon ein ganzes Stück weiter östlich an, am Marstall. Aber der Reihe nach: Ursprünglich war der Tiergarten ein Waldgebiet, in dem die brandenburgischen Kurfürsten auf Jagd gingen. Ab 1742 gab König Friedrich II. den Auftrag für die Umgestaltung. Der Architekt und Gartengestalter Georg Wenzeslaus von Knobelsdorff machte aus dem königlichen Jagdgebiet einen Park für das Volk. Ab 1800 wurde der Tiergarten in einen Landschaftspark im englischen Stil mit weitläufigen Rasenflächen umgestaltet. Dabei entstanden auch zwei künstliche Inseln, die Rousseau- und die Luiseninsel. Ab 1835 gestaltete Peter Joseph Lenné, Preußens berühmtester Landschaftsarchitekt, den südlichen Tiergarten. Er verbreiterte Wasserläufe, legte Uferwege und neue Sichtachsen an.

Nach dem Zweiten Weltkrieg plünderte die notleidende Bevölkerung den Tiergarten. Bäume wurden gefällt, um Holz zum Heizen zu haben, die Wiesen wurden zu Kartof-

Hinkommen

- S- und U-Bhf. Brandenburger Tor (S1, S2, S25, S26 sowie U5)

Dauer

- Ein halber Tag, aus dem auch ein ganzer werden kann

Nicht verpassen

- Mit dem Ruderboot eine Runde auf dem Neuen See drehen
- Über 285 Stufen die Aussichtsplattform der Siegessäule erklimmen
- Versuchen, die Anzahl der Denkmäler und Skulpturen im Tiergarten zu zählen
- Sich einfach treiben lassen, lauschige Winkel entdecken

Heimliches Wahrzeichen des Tiergartens: die Siegessäule

feläckern. Ab 1949 begann die Wiederaufforstung. Dabei wurde der Tiergarten nach historischem Vorbild neu gestaltet. Heute bietet der Park zwischen Brandenburger Tor und Zoo mit seinen großen Wiesen und Schatten spendenden Bäumen riesig viel Raum für Erholung, Sport und Freizeit.

Drei Stunden Lustwandeln im Tiergarten können so aussehen: Am Brandenburger Tor taucht man in die grüne Wonne ein und nimmt den in südwestlicher Richtung verlaufenden Ahornsteig, passiert bald das Bronzedenkmal Löwengruppe von 1872. Bald darauf erblickt man linker Hand das Global Stone Projekt aus den 1990er-Jahren, wo fünf Steine aus fünf Kontinenten fünf Schritte zum Frieden symbolisieren. Ein Stück weiter passiert man die Luiseninsel mit dem 1880 eingeweihten Denkmal für Königin Luise. Nach dem Überqueren der Hofjägerallee nähert man sich, immer parallel zum Wasserlauf, bald dem *Café am Neuen See*. Im dortigen Biergarten sitzt man nicht nur wunderbar am See, sondern kann auch eine Runde mit dem Ruderboot drehen.

Von hier am Landwehrkanal entlang passiert man bald unzählige alte Laternen – das Gaslaternen-

Vor dem Goldfischteich steht das Beethoven-Haydn-Mozart-Denkmal

museum. Oder man spaziert direkt auf das heimliche Wahrzeichen des Tiergartens zu: die Siegessäule. Die steht, vom Verkehr umtost, mitten im Kreisverkehr am Großen Stern. Die Besteigung lohnt sich unbedingt, unten breitet sich das Blättermeer des Tiergartens aus. Fast um die Ecke liegen nun der Englische Garten mit dem reetgedeckten Teehaus und üppigen Rosenbeeten sowie das noble Schloss Bellevue, Sitz des Bundespräsidenten. Parallel zur Spree kann man nun durch den nördlichen Tiergarten am Haus der Kulturen der Welt vorbei zurück zum Brandenburger Tor spazieren.

Teehaus im Englischen Garten

Das reetgedeckte Teehaus im Englischen Garten liegt etwas versteckt an einem kleinen See, hat einen eigenen Garten mit Blumenrabatten und kleinem Springbrunnen, im Sommer auch einen schönen Biergarten. Am Nachmittag zur Tea Time wird ein High Tea angeboten mit Clotted Cream, Scone, Kuchen und Sandwiches.
Die Küche bietet leichte Speisen wie Flammkuchen, hausgemachte Quiche aber auch Wiener Schnitzel mit lauwarmem Kartoffel-Gurken-Salat und Preiselbeeren.

Altonaer Straße 2 | 10557 Berlin | Tel. (030) 39 48 04 00 | www.teehaus-tiergarten.com

42 Zwischen Rosengarten und Flakbunker

Volkspark Humboldthain

Der Volkspark Humboldthain liegt mitten im wuseligen Stadtteil Gesundbrunnen und nur einen Katzensprung vom gleichnamigen Bahnhof entfernt. Der Park ist nicht nur eine grüne Oase – er ist auch eine Art Abenteuerspielplatz. Das war bei der Einweihung des Volksparks im Jahr 1876 noch nicht so.

Nachdem im Zweiten Weltkrieg monströse Bunker und Flugabwehrgeschütze im Humboldthain errichtet worden waren, wurde der Park Ziel von Luftangriffen – und weitgehend zerstört. Die Reste eines gigantischen Bunkers samt zweier Flaktürme stehen bis heute an der Nordseite des Humboldthains – und sind längst ein Hauptanziehungspunkt im Park, genannt Humboldthöhe. Der Aufstieg zum 85 Meter hohen Gipfel führt über ein wild verschlungenes Wegenetz. Oben gibt es zwei Aussichtsplattformen, die über abenteuerliche Treppengänge miteinander verbunden sind. Doch die Mühe lohnt sich, von oben hat man einen weiten Blick über die nördliche Innenstadt. Noch mehr Abenteuerspaß dürften allerdings die Kletterer vom Deutschen Alpenverein haben, die an den rohen Betonwänden regelmäßig den senkrechten Aufstieg üben.

Doch der Humboldthain hat noch eine ganz andere Seite: Unterhalb der Flaktürme liegt der hübsche Rosengarten samt Brunnen und Bronzeplastik nach dem Vorbild italienischer Renaissancegärten. Sehenswert ist auch der Wassergarten, der entlang eines Fließes mit Wegen und kleinen Brücken angelegt wurde. Für noch mehr Erfrischung bietet sich das Sommerbad mit 50-Meter-Becken im Westteil des Parks an.

Hinkommen

- S- und U-Bhf. Gesundbrunnen (S1, S2, S25, S26, S41, S42 sowie U8)

Dauer

- Mindestens eine Stunde

Berliner Unterwelten

Das Innere der Bunkeranlage kann man von April bis Oktober im Rahmen einer 90-minütigen Tour erkunden. Festes Schuhwerk und warme Kleidung empfohlen, Teilnahme ab 18 Jahren. Im Winterhalbjahr darf der Bunker nicht betreten werden, dann halten sich hier rund 250 Fledermäuse auf.

www.berliner-unterwelten.de

Vom Humboldtsteg sieht man die Bunkeranlage im Humboldthain

Der Rosengarten ist nach dem Vorbild italienischer Renaissancegärten arrangiert

43 Rund um den Wasserturm

Volkspark Jungfernheide

In der Jungfernheide findet man etwas, woran es in Berlin oft mangelt: viel Platz im Grünen zum Ausleben. Mit 146 Hektar ist der Volkspark Jungfernheide nach dem Großen Tiergarten der zweitgrößte Park in Berlin. Er wurde in den Jahren 1920 bis 1926 in einem Teil der Jungfernheide, einem riesigen Waldgebiet und ehemaligem königlichen Jagdrevier, angelegt.

Herzstück des Volksparks ist ein geometrisch gestalteter Kernbereich rund um den Jungfernheideteich und die große Liegewiese. Das Strandbad am westlichen Rand des künstlich angelegten Teichs wartet mit feinstem Sandstrand auf. Von hier schaut man auf die große Insel im Teich, die über Brücken mit dem Festland verbunden ist. Durch den Park führt ein vier Kilometer langer Rundweg, an dem man mehrere Hundert Jahre alte Eichen und Buchen bestaunen kann.

Im Park ist genug Raum, auch für besondere sportliche Aktivitäten. So kann man sich im Jungfernheideteich im Stand-up-Paddling versuchen. Im Hochseilgarten, dem größten Berlins, hangeln sich Erwachsene und ältere Kinder in bis zu 17 Metern Höhe von Baum zu Baum. Nicht weit davon entfernt erhebt sich auf einer Wiese der 38 Meter hohe Wasserturm, das Wahrzeichen des Volksparks. Im Sockelgeschoss des eindrucksvollen expressionistischen Klinkerbaus von 1927 befindet sich ein Sommergartencafé. Hier lässt sich bei Pizzazungen aus dem Steinofen und einem Glas Biowein wunderbar dem Treiben im Park zuschauen.

Hinkommen

- U-Bhf. Halemweg (U7)

Dauer

- Mindestens ein halber Tag, mit Hochseilgarten und Strandbad auch ein ganzer

Nicht verpassen

- Die beiden niedlichen Bärenskulpturen am südöstlichen Parkeingang bestaunen
- Im Sommer: Baden gehen im Strandbad
- Im Winter: Im beheizten Wintergarten des Kulturbiergartens aufwärmen *www.kulturbiergarten.de*

Der 1927 erbaute Wasserturm erhebt sich majestätisch mitten im Park

44 Den Hügel hinauf

Volkspark Prenzlauer Berg

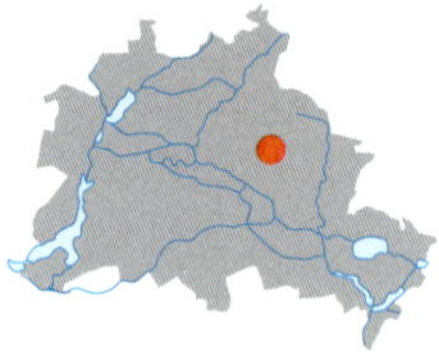

Fast so etwas wie ein Geheimtipp unter den innerstädtischen Parks ist der Volkspark Prenzlauer Berg. Das liegt auch daran, dass er ganz am Rand des hippen Stadtteils liegt. Deshalb ist der Park selten überlaufen. Und im Vergleich zum Volkspark Friedrichshain deutlich kleiner und naturbelassener.

Auch der Volkspark Prenzlauer Berg entstand, wie etliche Berliner Anhöhen, nach dem Zweiten Weltkrieg aus Trümmerschutt. Ende der 1960er-Jahre hat man den Hügel mit Mutterboden aufgefüllt, Rasen gesät und Gehölze gepflanzt. 1969 wurde die neu entstandene Naturlandschaft feierlich als Volkspark Prenzlauer Berg eingeweiht. Im Lauf der Zeit ist rund um den Höhenzug ein waldartiges Biotop mit dichten Gehölzen und Wiesen entstanden.

Den Park erklimmt man heute auf für Berliner Verhältnisse geradezu alpinen Wegen. Oben warten zwei circa 90 Meter hoch gelegene Plateaus, das Pappelplateau und das Hohe Plateau. Sie gehören damit zu den höchsten Gipfeln Berlins. Von oben hat man, zumindest im Winter, wenn viele Äste der Bäume und Büsche kahl sind, einen schönen Blick auf Lichtenberg im Osten und das südwestlich gelegene, zu Prenzlauer Berg gehörende Blumenviertel.

Im Sommer dagegen darf man sich auf üppig wucherndes Grün freuen. Denn die Vegetation in dem 29 Hektar großen Park entfaltet sich ziemlich frei, manche Ecken wirken fast urwaldartig. Im Herbst kann man auf den abschüssigen Wiesen toll Drachen steigen lassen, im Winter bei Schnee rodeln.

Hinkommen

- Tramhaltestelle Judith-Auer-Straße (M5 und M6)

Dauer

- Gut für einen ausgedehnten Spaziergang. Tipp: Proviant mitbringen, im Park und in der Nähe gibt es keine Gastronomie.

Um die Ecke

Jüdischer Friedhof
Im nahen Weißensee liegt der größte jüdische Friedhof Europas, ein verwunschener Ort mit überwucherten Wegen und halb versunkenen Grabsteinen. Etliche bekannte Berliner Persönlichkeiten liegen hier begraben.

Herbert-Baum-Straße 45 | Männer müssen eine Kippa tragen (kann am Eingang ausgeliehen werden)

Durch üppiges Grün geht's durch den Volkspark Prenzlauer Berg

45 Waldpark für Aktive

Wuhlheide

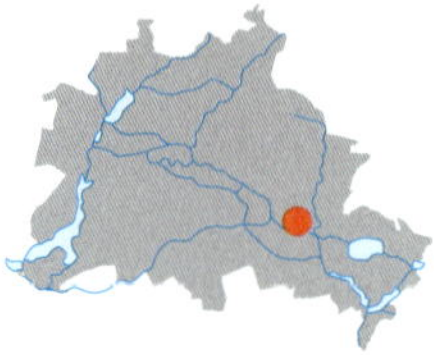

Die Wuhlheide ist nicht nur ein ausgedehntes Waldgebiet. Hier liegen auch das Freizeit- und Erholungszentrum FEZ und der Volkspark Wuhlheide. Man kann durch dichten Laubwald spazieren, mit einer Parkeisenbahn fahren, Berlin im Miniaturformat erleben oder sich sportlich betätigen – und noch vieles mehr.

Wer am S-Bahnhof-Wuhlheide aussteigt, gelangt schnell auf das Gelände des Freizeit- und Erholungsparks FEZ. Das ist schon mal eine Riesenattraktion: Einstmals als Pionierpark Ernst Thälmann in der DDR gegründet, ist es Europas größtes gemeinnütziges Kinder-, Jugend- und Familienzentrum. Mit allen erdenklichen Angeboten von Naturerleben bis Raumfahrtlabor. Letzteres befindet sich im zentralen Gebäude des FEZ, dem ehemaligen Pionierpalast.

Auf dem weitläufigen Gelände des FEZ gibt es viel zu entdecken, darunter einen Ökogarten und das *Haus Natur und Umwelt* mit Ponys, Eseln und Schafen. Doch auch außerhalb warten Attraktionen. Spaziert man an der Freilichtbühne vorbei über den Waldweg des Eichgestells in Richtung Karlshorst, kommt man zum Modellpark Berlin-Brandenburg: Eingebettet in eine nachempfundene märkische Landschaft stehen hier mehr als 60 Modelle bekannter Berliner und Brandenburger Sehenswürdigkeiten, alle im Maßstab 1:25 originalgetreu angefertigt.

300 Meter weiter in Richtung Karlshorst wird es sportlich: Im Calisthenics Park Wuhlheide kann man unter freiem Himmel seine Muskeln trainieren. Wem davon zu heiß werden sollte, der findet im Sommer Abkühlung im benachbarten Sommerbad Wuhlheide.

Hinkommen

- S-Bhf. Wuhlheide (S3)

Dauer

- Ein halber Tag sollte es schon sein

Nicht verpassen

- Esel streicheln, Pony reiten oder barfuß durch den Wald beim *Haus Natur und Umwelt*
- Eine Runde mit der Parkeisenbahn drehen
- In der Parkbühne Wuhlheide ein Konzert erleben

Im Modellpark Berlin-Brandenburg kann man die Region *en miniature* erleben

Stille Pfade ziehen sich durch die Wuhlheide

Das Glück am Stadtrand

Weite und Natur genießen

46 Garten Eden in Pankow

Botanischer Volkspark

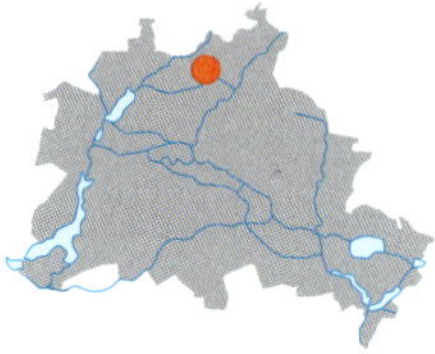

Im Norden von Pankow liegt ein besonderes Kleinod der Gartenbaukunst. Auf einer Fläche von 34 Hektar breitet sich der denkmalgeschützte Botanische Volkspark aus, umgeben von naturbelassenen Wäldern und Wiesen.

Ein breiter Hauptweg führt vom Eingangstor in der Blankenfelder Chaussee in das grüne Paradies. Rechts und links davon gedeihen Tausende teilweise seltene Pflanzen. Im Park finden sich unter anderem ein kleines Arboretum europäischer Baumarten, eine Wassergartenanlage und Gewächshäuser.

1909 wurde die Anlage als zentraler Berliner Schulgarten geschaffen. Vorgefundenes, wie zwei Teiche, viele Pflanzen und Bäume wurden in die Gestaltung einbezogen. Während der beiden Weltkriege baute man in der Anlage Obst und Gemüse an, um die Bevölkerung zu versorgen.

Heute säumen Apfelbäume die Feldraine, Zierhölzer flankieren die Hauptwege. Zu den Highlights zählen die Schaugewächshäuser im Zentrum des Gartens mit ihren exotischen Pflanzen. Sehr besonders ist auch die 1912 errichtete *Geologische Wand*, für die Gesteinsarten aus ganz Europa in den Park versetzt wurden. Ein weiterer Anziehungspunkt ist das große Damwildgehege.

Ein Besuch im Botanischen Volksgarten ist zu jeder Jahreszeit ein wunderbares Erlebnis. Alljährlich im Juni/Juli wartet noch ein besonderes botanisches Highlight: Dann blüht die „Königin der Nacht“, eine Kaktee, deren Blüten sich nur in einer Nacht für ein paar Stunden öffnen.

Hinkommen

- Haltestelle Botanischer Volkspark (Bus 107)
- Alternativ auch mit Tram 50 bis zur Endhaltestelle Guyotstraße. Von dort gut 15 Minuten zu Fuß

Dauer

- Im Park kann man sich gut einen halben Tag aufhalten

Tommys Café

Bei gutem Wetter können hier Besucher am Wochenende mit einem schönen Ausblick leckeren Kaffee und ein vielfältiges Kuchenangebot genießen. Das nahestehende Gewächshaus sorgt für ein gemütliches und außergewöhnliches Ambiente.

https://tommys.cafe/

Im Schaugewächshaus kann man exotische Pflanzen bestaunen

47

Mit der Seilbahn zur Teezeremonie

Gärten der Welt

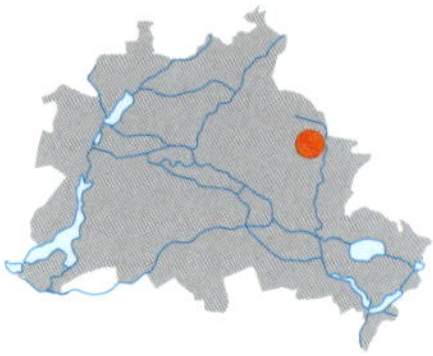

Nicht nur für Gartenfreunde sind die Gärten der Welt ein Eldorado: Gleich zehn internationale Gärten aus allen Teilen und Kulturen des Globus warten darauf, entdeckt zu werden. Einer ist schöner als der andere. Auch für weniger gartenaffine Menschen hält das grüne Areal, das zusammen mit dem Kienberg einen ausgedehnten Freizeitpark bildet, jede Menge Attraktionen bereit.

Das fängt schon mit der Seilbahn an, die über das ganze Gelände von West nach Ost verläuft. Der Ausblick aus den Kabinen ist fantastisch, man schwebt über einem grünen Blätterdach und überblickt den Park und den Stadtteil Marzahn-Hellersdorf. Auf halber Strecke erreicht die Seilbahn die Station Wolkenhain. Hier, auf dem Kienberg, erhebt sich der Wolkenhain, ein kühn konstruierter, 25 Meter hoher Aussichtsturm, der einer Wolke nachempfunden ist. Nicht weit von hier führt die Tälchenbrücke über eine Schlucht zum Nordhang des Kienbergs. Am Rand des Wegs stehen Hörbäume, die zum Klingen gebracht werden können.

Vom Kienberg kann man auf einer Natur-Bobbahn den Berg herunterrauschen, ein Spaß nicht nur für Kinder. Sehr fantasievoll sind auch die Spielplätze, wie der große Wasserspielplatz mit einem begeh- und bekletterbaren Wal. Von hier ist es nicht weit zum Irrgarten, der so raffiniert gestaltet ist, dass sogar Erwachsene oft nur mit Mühe wieder herausfinden.

Hervorgegangen ist das heutige Parkgelände ursprünglich aus der Berliner Gartenschau 1987. Seitdem wurde es immer wieder umgebaut. Die jetzige spektakuläre Gestaltung

Hinkommen

- U-Bhf Kienberg (Gärten der Welt) (U5)

Rumkommen

- Eine Seilbahn schwebt vom U-Bhf auf den Kienberg und weiter zum Haupteingang der Gärten der Welt.

Gärten der Welt

Blumberger Damm 44 | 12685 Berlin | www.gaertenderwelt.de

Kienbergpark

Hellersdorfer Straße 159 | 12619 Berlin | Eintritt frei

Mit der Seilbahn schwebt man zum Wolkenhain

Im Chinesischen Garten stehen romantische Pagoden

erhielt das Gelände im Rahmen der Internationalen Gartenschau IGA im Jahr 2017. Damals wurde den zehn Themengärten noch das Areal um den Kienbergpark hinzugefügt. Letzterer ist heute frei zugänglich, die aufwendig zu unterhaltenden Gärten der Welt kosten Eintritt.

Der *Garten des wiedergewonnenen Mondes* ist einer der größten chinesischen Gärten der Welt. In der zauberhaften Anlage mit einem Teich und kleinen Pagoden kann man in einem Teehaus zwischen 30 Teeraritäten wählen. In der Tropenhalle des balinesischen Gartens wandelt man unter meterhohen Palmen und staunt über fernöstliche Riesenpflanzen – bei konstant tropischen Temperaturen.

Im japanischen *Garten des zusammenfließenden Wassers* bilden im Frühjahr unzählige Kirschbäume ein weiß-rosa Blütenmeer. Nebenan lockt die felsige Landschaft des koreanischen *Seouler Gartens.* Wieder anders der christliche Garten, der einem Klostergarten nachempfunden ist. Ein Ort der Ruhe und Schönheit ist der Orientalische Garten, in dem zauberhafte Wasserspiele sanft plätschern.

Sanft plätschern die Wasserspiele im Orientalischen Garten

★ Chinesisches Teehaus

Auf einer Insel im Teich des Chinesischen Gartens liegt das *Berghaus zum Osmanthussaft*. Dort werden in einem Pagodenhaus Teespezialitäten aus China serviert. Dabei kann man den Blick weit über den Teich und den Chinesischen Garten schweifen lassen.

Tel. (0179) 394 55 64 | Info-Tel. Besucherzentrum Gärten der Welt (030) 7 00 90 67 20 | www.china-teehaus.de

Um die Ecke

Alt-Marzahn
Ein zwanzigminütiger Spaziergang führt von den Gärten der Welt durch die weitläufige Hochhauslandschaft Marzahns zu einem ganz besonderen Kleinod: Alt-Marzahn, ein über 700 Jahre altes Dorf. In der Dorfmitte liegt der Anger mit der Kirche von 1871. Nebenan steht die ehemalige Gemeindeschule von 1912. Die kopfsteingepflasterte Dorfstraße wird gesäumt von niedrigen, typisch märkischen Traufhäusern. Die gesamte Dorfanlage, zu der auch eine Bockwindmühle gehört, steht unter Denkmalschutz.

48 Romantik am Havelufer

Glienicker Park

Ist das noch Berlin? Im Glienicker Schlosspark fühlt man sich an manchen Stellen eher wie im klassischen Italien. Und tatsächlich steht das Vorbild für die Löwenfontäne am Eingang von Schloss Glienicke im Garten einer römischen Villa. Zwischen Schloss und Havelufer wird es dagegen gepflegt englisch: Hier erstreckt sich ein Blumengarten mit kurz gehaltenen Rasenflächen und fein geharkten Wegen.

Der weitläufige Glienicker Park lädt zum Sich-Treiben-Lassen ein: Immer wieder stößt man auf Überraschungen – hier kleine Lauben mit Steinbänken und hübschen Skulpturen, dort ein Höhenweg mit Sichtachsen. Besonders eindrucksvoll war die Teufelsbrücke im Ruinenstil, die leider derzeit auf ihre Restaurierung wartet.

Entstanden ist der Glienicker Park im 19. Jahrhundert als Teil der großartigen Berlin-Potsdamer Kulturlandschaft. Gestaltet hat ihn Preußens berühmter Gartenkünstler Peter Joseph Lenné. Sein Vorbild war dabei das antike Traumland Arkadien. Und traumhaft ist der Glienicker Park mit seinem Schloss, der Orangerie und den vielen wunderbaren Ausblicken bis heute.

Auch außerhalb des Parks findet man Exotisches aus aller Welt: Nördlich an der Havel liegt das Wirtshaus *Moorlake,* das im bayerischen Stil erbaut wurde. Etwas weiter auf dem Uferweg Richtung Pfaueninsel findet man das *Blockhaus Nikolskoe,* das einem russischen Bauernhaus nachempfunden ist. Nahebei erhebt sich am Waldrand die ebenfalls russisch inspirierte Kirche St. Peter und Paul.

Hinkommen

- Haltestelle Schloss Glienicke (Bus 316 ab S-Bhf Wannsee (S1, S7))

Dauer

- Im Glienicker Park kann man sich leicht 2–3 Stunden aufhalten

Um die Ecke

- Glienicker Brücke – hier wurden während der deutschen Teilung Agenten ausgetauscht
- Neuer Garten in Potsdam – gleich hinter der Glienicker Brücke über einen Grünstreifen zu erreichen
- Park Babelsberg – der großartige: Vom Schlosshügel aus liegt einem die wunderschöne Havellandschaft zu Füßen

Wie in Italien: Das Vorbild für die Löwenfontäne vor Schloss Glienicke steht in Rom

Schloss Glienicke umgeben von herrlichem Grün

49 Idyllischer Kurzurlaub

Kladow

Zwanzig Minuten dauert die kleine Schiffstour von Wannsee über die Havel nach Kladow. Diese Minuten fühlen sich wie eine Fahrt in den Urlaub an. Backbord glitzern die Masten der Segelboote im Jachthafen Wannsee in der Sonne, steuerbord streckt sich bald der lange Sandstrand des Strandbad Wannsee am Ufer aus. Schon weiten sich der Blick und das Herz. Bald passiert man die Insel Schwanenwerder, eine der feinsten Adressen Berlins.

Kurz nach dem Erreichen der offenen Havel kommt auch schon das Ziel Kladow in den Blick.

Vor der Hafeneinfahrt gilt es allerdings noch eine Insel zu passieren: Dem Kladower Hafen vorgelagert liegt die Insel Imchen. Keine Menschen wohnen auf der unter Naturschutz stehenden Insel, dafür jedoch zahlreiche Vögel und Wildschweine. Letztere kann man manchmal sogar bei ihrer wagemutigen Havelüberquerung beobachten.

Bei der Einfahrt in den Hafen staunt man nicht schlecht über die vielen Segelboote und schicken Jachten, die hier ankern. Auch an Land dann weiter Urlaubsatmosphäre: Eine Uferpromenade und die nahegelegenen Restaurants und Biergärten animieren zum Flanieren und Entspannen.

Kladow, das einstige Fischerdorf, hat sich einiges von seinem dörflichen Charakter bewahrt. Vom Promenadenhafen führt die Straße Alt-Kladow zum historischen Dorfkern, wo die 1818 wiedererrichtete Dorfkirche steht. Schon im 19. Jahrhundert zog es mehr und mehr Städter nach Kladow. Damals wurden an der Havel die ersten prächtigen Villen gebaut. Seit den

Hinkommen

- Alt-Kladow (BVG-Fähre F10 stündlich ab S-Bhf Wannsee)
- Achtung: Die letzte Fähre zurück nach Wannsee legt in Kladow im Sommer um 21 Uhr ab, im Winter, Herbst und Frühlung früher.

Dauer

- Mindestens ein halber Tag

Nicht verpassen

- Den Blick über den breiten Strom schweifen lassen
- In Kladow an der Havel entlang spazieren
- Auf einer Terrasse mit Havelblick einkehren

Hier legt die Fähre an und die Auszeit kann beginnen

Die Dorfkirche von 1818 steht auf dem alten Dorfanger

1950er-Jahren entstanden einige Neubausiedlungen. Eine davon ist die skandinavisch anmutende Finnenhaussiedlung, deren Häuser aus Holzfertigteilen montiert wurden.

Vom Hafen, dem gefühlten touristischen Zentrum von Kladow, verläuft die Imchenallee nach Norden und Süden – in beiden Richtungen findet man wundervolle Orte. Südlich geht es am breiten Strom der Havel und an prächtigen, hinter Grün versteckten Villen entlang bis zum Sacrower Kirchweg. Von hier sind es nur noch wenige hundert Meter, bis links ein Weg zum Landhausgarten Dr. Fraenkel abzweigt. In diesem in den 1920er-Jahren angelegten Paradiesgarten mit Wäldchen, künstlichem Bachlauf, Obstbäumen und Gemüsebeeten laden Wiesen und lauschige kleine Plätze zum Verweilen ein.

Nimmt man die Imchenallee Richtung Norden, so verläuft sie als baumbestandener Weg bis zum Gutspark Neukladow. Dieser idyllische Landschaftspark liegt auf einem Plateau, von dem man eine herrliche Aussicht auf die Havel hat. Im Herrenhaus serviert ein Café-Restaurant Leckeres.

Vom Plateau des Gutspark Neukladow hat man eine tolle Aussicht auf die Havel

Landhausgarten Dr. Fraenkel

Am westlichen Ortsausgang von Kladow ließ sich der Bankier Dr. Max Fraenkel Ende der 1920er-Jahre eine grüne Oase anlegen. Direkt am Havelufer lustwandelt man heute wieder zwischen Johannisbeerstauden, Mangold und Rosenbüschen. Auf der Terrasse des Sommercafés kann man bei einem Stück hausgebackenem Kuchen den Blick über die Havel schweifen lassen.

Lüdickeweg 1 |
14089 Berlin |
www.sommercafe-kladow.de

Gutspark Neukladow

Nördlich des Dorfkerns von Kladow liegt in einem idyllischen Landschaftspark das ehemalige Lehnschulzengut Neu-Kladow. Das Herrenhaus wurde um 1800 errichtet. Nach längerem Leerstand wurde der Gutspark saniert und der Öffentlichkeit zugänglich gemacht. Highlight ist der Blick vom Plateau über die Havel.
Im ehemaligen Gutshaus gibt es ein Café und Restaurant.

Neukladower Allee 12 |
14089 Berlin |
www.gutshausneukladow.de

50 Ausflug zum Paradiesgarten

Liebermann-Villa am Wannsee

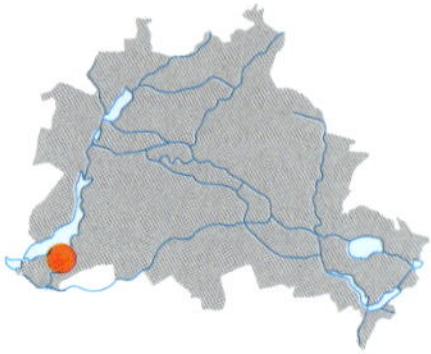

Hier finden Kunst und Natur auf das Schönste zusammen: Die Liebermann-Villa am Großen Wannsee ist nicht nur ein Museum, sondern auch ein Gartenparadies. 1909 ließ der Maler Max Liebermann sein „Schloss am See“ bauen. Das als Sommersitz gedachte Anwesen wurde für den bedeutenden Vertreter des deutschen Impressionismus zur Quelle der Inspiration. Hier entstanden rund 200 Gemälde, in denen Liebermann die Blütenpracht des malerischen Gartens und das Seepanorama im Lauf der Jahreszeiten festhielt. Etliche dieser Bilder können heute im Museum der Liebermann-Villa betrachtet werden. Darüber hinaus informiert eine anschauliche Ausstellung über den Künstler und seine Familie.

Auch der Garten der Liebermanns selbst ist ein sinnliches Vergnügen. Zum Großen Wannsee hin zieht er sich als langes, grünes Band bis zur Wasserkante. Rechts und links verbergen sich hinter sorgsam gepflegten Hecken kleine, intime Gartenplätze. Ganz anders der zur Straße gelegene Gartenbereich: In dem üppigen Stauden- und Gemüsegarten, der norddeutschen Bauerngärten nachempfunden ist, sprießen selten gewordene Pflanzen neben Kohl, Bohnen und Tomaten. Auch ein Nutzgarten kann ein Kunstwerk sein.

Mit allen Sinnen kann man Leben und Werk von Max Liebermann auch im ehemaligen Speisezimmer und auf der Terrasse der Villa genießen: Das *Café Max* serviert Getränke und wunderbare Kuchen mit Blick über prächtige Blumen, grüne Rasen und den Großen Wannsee.

Hinkommen

- S-Bhf Wannsee
- und 30 Minuten zu Fuß oder mit Bus 114 bis Haltestelle Liebermann-Villa

Dauer

- 1–3 Stunden für Museum und Park

★ Liebermann-Villa am Wannsee

Colomierstraße 3 | 14109 Berlin | Tel. (030) 80 58 59 00 | www.liebermann-villa.de

In Liebermanns Garten werden auch Nutzpflanzen zu Kunstwerken

Von der Terrasse hat man freien Blick auf den Wannsee

51 Wo Otto Lilienthal fliegen lernte

Lilienthalpark

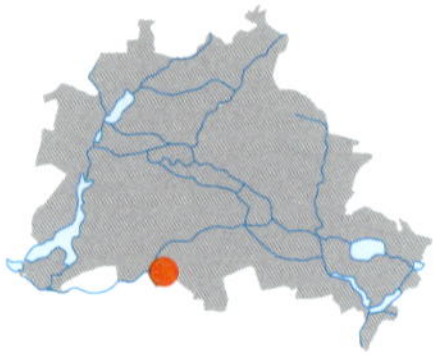

Der Flugpionier Otto Lilienthal war der erste Mensch, der erfolgreich mit einem Flugapparat Gleitflüge durchführte. Zusammen mit seinem Bruder erforschte er schon als junger Mann die Grundlagen zum Bau von Fluggeräten. Ab 1881 war es dann so weit: Der Erfinder hob mit einem von ihm gebauten Fluggerät zu den ersten Gleitflügen ab, die ihn bis zu 25 Meter weit trugen.

Für weitere Flüge benötigte er nun einen besseren Startplatz. Den fand er in seinem Wohnort Lichterfelde. Hier lässt Lilienthal 1894 aus dem Abraum einer Ziegelei einen Hügel errichten – den Fliegeberg. Von dem 15 Meter hohen Hügel intensiviert er seine Flugversuche mit Gleitflügeln. Über Tausend Mal startet er von hier und fliegt dabei bis zu 80 Meter weit.

Bald braucht er einen noch größeren Hügel – und findet diesen schließlich auf dem Gollenberg im brandenburgischen Stölln. Dort stürzt er allerdings 1896 ab und stirbt an seinen schweren Verletzungen. Sein Grab befindet sich auf dem Friedhof in Berlin-Lankwitz.

Das Areal rund um den Fliegeberg in Lichterfelde wurde um das Jahr 1900 zu Ehren Lilienthals in einen Park umgestaltet. Sein heutiges Erscheinungsbild erhielt er aber erst von 1928 bis 1933. Der Park rund um einen Teich und ein Wasserbecken ist besonders schön im Mai, wenn die Kirschbäume blühen – aber auch sonst lohnt der Besuch in der kaum bekannten grünen Oase. Auf dem Fliegeberg erinnert eine Säulenhalle mit einer bronzenen Erdkugel an den Flugpionier.

Hinkommen

- S-Bhf Osdorfer Straße (S25, S26), von dort 15 Minuten zu Fuß oder Haltestelle Lilienthalpark (Bus 284)

Dauer

- In einer Stunde hat man den Park erkundet und den Fliegeberg erklommen

Um die Ecke

Auf dem nahen Mauerweg (600 Meter) kann man zum Freizeitpark Marienfelde (45 Minuten, schöne Aussicht!) und weiter nach Lichtenrade spazieren (1,5 Stunden)

Von diesem Berg hob Otto Lilienthal ab

Vom Fliegeberg hat man einen tollen Ausblick auf die Kirschbäume

52 Mittelalter selbst erleben

Museumsdorf Düppel

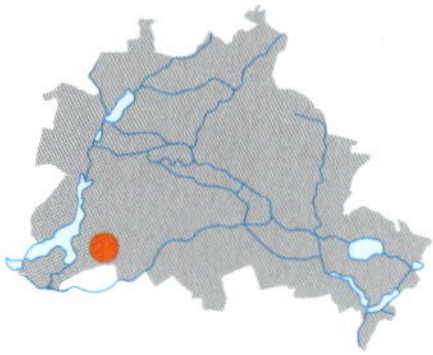

Nachempfinden, wie unsere Vorfahren im Mittelalter gelebt und gearbeitet haben: Das kann man hautnah im Museumsdorf Düppel.

So ähnlich muss es hier schon vor 800 Jahren ausgesehen haben, als an dieser Stelle einige Bauernfamilien lebten: Eine kreisrunde Lichtung im Wald, um die sich einfache, rohrgedeckte Holzgebäude gruppieren. Menschen in mittelalterlichen Gewändern hüten Vieh, führen ein Handwerk aus oder erklären die Lebensumstände um das Jahr 1200. Die nach originalen Vorbildern errichteten Häuser im Dorf kann man besichtigen. Sie haben einen gestampften Boden und sind mangels Fenster fast stockdunkel.

Um mehr vom Alltagsleben zu vermitteln, werden im Dorf mittelalterliche Handwerkstechniken vorgeführt, und das ganz sinnlich. So kann man lernen, wie man mit einfachsten Mitteln selbst Bier braut – und es gleich probieren. An einem großen Lagerfeuer wird eigenhändig hergestellter und aufgespießter Teig zu Stockbrot gebacken. Beim Schmied sieht man, wie mittelalterliche Werkzeuge hergestellt wurden.

Besonders sind auch die Tiere und Pflanzen im Museumsdorf: So wird hier eine vom Aussterben bedrohte Hausschafrasse gezüchtet, die Skudde. Das Düppeler Weideschwein wird hier rückgezüchtet und kann bestaunt werden. Alte Nutzpflanzen werden im Museumsdorf kultiviert.

Im Eingangsgebäude, das als eine Art Schleuse ins Dorf fungiert, wird das Leben im Mittelalter begreiflich gemacht. Mitmach-Stationen laden zum Riechen, Tasten und Ausprobieren ein und fiktive Bewohnerinnen und Bewohner erklären den Alltag des mittelalterlichen Dorfes.

Hinkommen

- Haltestelle Clauertstraße (Bus 118 oder 622 ab S-Bhf. Mexikoplatz (S1))

Dauer

- Mindestens ein halber Tag

★ Museumsdorf Düppel

Die Museumsküche bietet rustikale Speisen, Kuchen und Kaffee.

Clauertstraße 11 | 14163 Berlin | Tel. (030) 24 00 21 62 | www.stadtmuseum.de/museumsdorf-dueppel | Apr.–Okt. Sa/So und an Feiertagen

Die Feuerstelle im Freien, die Strohhütte ohne Fenster: So lebten unsere Vorfahren

Im Museumsdorf Düppel wird das mittelalterliche Dorfleben nachempfunden

53

Das Inselparadies

Pfaueninsel

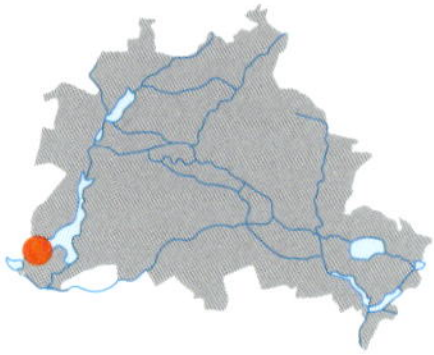

Der romantischste Ort Berlins liegt auf einer Insel in der Havel. Die 1,5 Kilometer lange und 0,5 Kilometer breite Pfaueninsel ist eine Traumlandschaft mit fantasievollen Gebäuden und wundervollen Sichtachsen. Die Insel steht unter Naturschutz, gehört zum Weltkulturerbe der UNESCO und darf nur tagsüber besucht werden. Nachts gehört das Eiland dann wieder ganz den Pfauen.

Entstanden ist die Pfaueninsel, wie wir sie heute kennen, ab 1794 unter König Friedrich Wilhelm II. Der kunstsinnige Neffe und Nachfolger Friedrichs des Großen ließ auf dem Eiland ein romantisches Refugium schaffen, das seinesgleichen sucht: eine verträumte Landschaft mit einem weißen Schloss, einem Küchengebäude im holländischen Stil und einer Meierei am Nordzipfel der Insel. Das berühmte Schloss wurde in einem romantischen Ruinenstil gebaut. Weitere verspielte Gebäude finden sich an vielen Stellen der Insel, so der Fregattenhafen, das Schweizerhaus und das Kavaliershaus. Der Park wurde von 1821 bis 1834 vom preußischen Gartenbaugenie Peter Joseph Lenné nach englischem Vorbild gestaltet. Er ließ die Insel mit exotischen Gewächsen und versteckten Tiergehegen bestücken. Neben den frei laufenden Pfauen, die der verwunschenen Gartenlandschaft ihren Namen gaben, leben auch einige Wasserbüffel auf der Insel. Die Pfauen trifft man am ehesten auf der großen Wiese im Innern der Insel. Hier bietet auch ein rustikaler Kaffeegarten Getränke, Kuchen und Gegrilltes an.

Die Pfaueninsel-Fähre fährt ganzjährig in wenigen Minuten vom Festland auf die märchenhafte Insel.

Hinkommen

- S-Bhf Wannsee(S1, S7) und Bus 218 bis Haltestelle Pfaueninsel oder
  Wanderung ab S-Bhf Wannsee: 6,3 Kilometer, ca. 80 Minuten

Dauer

- Ein halber Tag

Nicht verpassen

- Im Inselmuseum in der Meierei der Geschichte der Pfaueninsel nachgehen
- Den 1821 von Lenné angelegten Rosengarten bewundern
- Auf der großen Liegewiese den Pfauen zuschauen

Sollte unfertig aussehen: das Märchenschloss im Ruinenstil

Die Pfauen trifft man auf der großen Wiese

54 Der Fischerkiez an der Müggelspree

Rahnsdorf

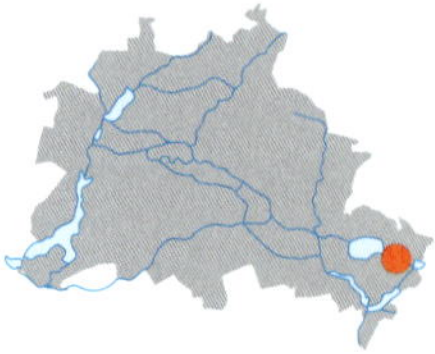

Kopfsteingepflasterte, von Kastanien gesäumte Gassen, geduckte Häuser hinter schmiedeeisernen Zäunen: Im ehemaligen Fischerdorf Rahnsdorf geht es bis heute sehr beschaulich zu. Malerisch liegt der Ort an der Müggelspree, einem Spreearm, der in den Müggelsee mündet. Entschleunigung pur.

Der alte Fischerkiez legt sich hufeisenförmig um die Dorfkirche. 1375 wird der Ort erstmals urkundlich erwähnt. Rund 100 Jahre später erhält Rahnsdorf Fischereirechte. Fortan und bis weit ins 19. Jahrhundert leben die Bewohner fast ausschließlich vom Fischfang.

Heute gibt es in Rahnsdorf nur noch einen Fischer: Andreas Thamm. Er bricht fast täglich zum Fang auf den Müggelsee auf, und das seit über 35 Jahren. Wer dem Fischer bei der Arbeit an den Netzen oder am Räucherofen zuschauen möchte: Das Fischgut an der Rahnsdorfer Dorfstraße 13 ist an Sommerwochenenden jeweils ab 10 Uhr geöffnet. Hier gibt es Fisch aus dem Räucherofen, meistens stehen Aal, Forelle und Karpfen auf der Karte.

An den Wochenenden im Sommerhalbjahr ist auch eine andere Besonderheit in Betrieb: Deutschlands einzige Ruderfähre im Linienverkehr, die als BVG-Linie F24 zwischen Rahnsdorf und den gegenüberliegenden Müggelwiesen verkehrt. 36 Meter beträgt die Entfernung. Drüben hat man dann Anschluss an eine zweite, größere und solarbetriebene Fähre, die über Neu Helgoland und Müggelhort zum Müggelwerderweg gleitet. Im Sommer ist hier ein Ort lauschiger als der andere.

Von den Müggelwiesen führt auch ein herrlicher Spaziergang zum Strandbad am Kleinen Müggelsee, das mit seinen Sanddünen idyllisch zwischen Kiefern und Fichten liegt.

Hinkommen

- S-Bhf Rahnsdorf (S3)
- 35 Minuten zu Fuß bis Kruggasse

Nicht verpassen

- Durch den Fischerkiez von Rahnsdorf streifen
- Am Wochenende Räucherfisch bei Andreas Thamm probieren
- Mit der Ruderfähre übersetzen und zum Kleinen Müggelsee spazieren

Hier geht's mit der Ruderfähre über die Müggelspree

55 Einmal um die Halbinsel

Schmöckwitzer Werder

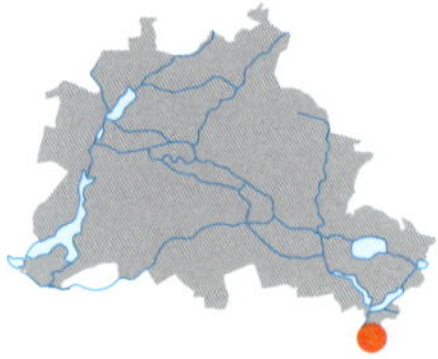

Ein Ausflug mit der Tram 68 nach Schmöckwitz ist an sich schon ein Erlebnis: Ab Grünau fährt die Bahn durch dichten Wald und entlang des breiten Stroms der Dahme. Wasser- und Waldblick gibt's inklusive. Doch das lässt sich noch toppen durch eine Wanderung um das Schmöckwitzer Werder. Das ehemalige Fischerdorf Schmöckwitz ist ringsherum von Wasser und Wald umgeben.

Dort angekommen, spaziert man in einem Schlenker durch Alt-Schmöckwitz zur Schmöckwitzer Brücke, die über die Dahme führt. Nach der Brücke rechts eingebogen, gelangt man bald zu einer schönen, flach ins Wasser abfallenden Sandbucht, der Badestelle Schmöckwitz.

Hinter der Badebucht geht es weiter: ein breiter Wanderweg führt durch den Forst. Nach dem Passieren eines idyllisch gelegenen Seminar- und Studienzentrums schlängelt er sich als schattiger Uferweg am Zeuthener See entlang (markiert mit einem gelben Balken auf weißem Grund). Wo der Weg vom Ufer wegschwenkt, ist bald die südlichste Siedlung Berlins erreicht: Rauchfangswerder. Am Ortseingang überquert man den Schmöckwitzer Damm und biegt halb links in einen Waldweg ein, um die Halbinsel zu überqueren. An einer großen Wegkreuzung erblickt man bald rechter Hand Wasser – und hält darauf zu.

Nun beginnt der schönste Teil der Wanderung: Zunächst entlang an einem See namens Großer Zug, an dem sich immer wieder kleine Badebuchten auftun. Kurz darauf geht das Gewässer in den Krossinsee über, von wo man wunderbare Ausblicke hat. Um wieder zurück nach Alt-Schmöckwitz zu gelangen, biegt man kurz vor einem einzelnen Haus links in den Wald ein.

Hinkommen

- Tramhaltestelle Alt-Schmöckwitz (Tram 68)

Dauer

- In 2 ½ Stunden umrundet man die grüne Halbinsel zu Fuß

Restaurant Biberblick

Hausgemachte und regionale Speisen im Kaminzimmer oder auf der Seeterrasse mit Blick auf den Zeuthener See. Im *Waldhotel am See,* das zu einem Studienzentrum gehört.

Schmöckwitzer Damm 1G | 12527 Berlin | Tel. (030) 67 50 40 | www.waldhotelamsee.de

Ab ins kühle Nass an der Sandbucht der Badestelle Schmöckwitz

Auf der Ostseite der Halbinsel tun sich immer wieder kleine Badebuchten auf

Berlin
Wittenberge
Kremmen
Stralsund/Rostock
Templin Stadt
Sachsenhausen (Nordb)
Oranienburg
Lehnitz
Borgsdorf
Birkenwerder
Hohen Neuendorf
Bergfelde
Vehlefanz
Bärenklau
Velten (Mark)
Hennigsdorf
Heiligensee
Schulzendorf
Frohnau
Hermsdorf
Waidmannslust
Wittenau
Rathaus Reinickendorf
Karl-Bonhoeffer-Nervenklinik
Wilhelmsruh
Alt-Tegel
Tegel
Borsigwerke
Holzhauser Str.
Otisstr.
Scharnweberstr.
Eichborndamm
Alt-Reinickendorf
Lindauer Allee
Paracelsus-Bad
Residenzstr.
Franz-Neumann-Platz
Kurt-Schumacher-Platz
Osloer Str.
Afrikanische Str.
Rehberge
Seestr.
Nauener Platz
Leopoldplatz
Amrumer Str.
Wedding
Gesundbrunnen
Westhafen
Beusselstr.
Nauen
Brieselang
Wismar
Finkenkrug
Falkensee
Seegefeld
Albrechtshof
Rathenow
Wustermark
Elstal
Dallgow-Döberitz
Staaken
Spandau
Rathaus Spandau
Altstadt Spandau
Zitadelle
Haselhorst
Paulsternstr.
Rohrdamm
Siemensdamm
Halemweg
Jakob-Kaiser-Platz
Jungfernheide
Birkenstr.
Reinickendorfer Str.
Schwartzkopffstr.
Naturkundemuseum
Oranienburger Tor
Mierendorffplatz
Turmstr.
Hauptbahnhof
Stresow
Ruhleben
Pichelsberg
Olympia-Stadion
Olympiastadion
Neu-Westend
Westend
Richard-Wagner-Platz
Bundestag
Bellevue
Heerstr.
Kaiserdamm
Theodor-Heuss-Platz
Messe ZOB
Messe Süd
Sophie-Charlotte-Platz
Messe Nord/ICC
Bismarckstr.
Deutsche Oper
Ernst-Reuter-Platz
Tiergarten
Hansaplatz
Potsdamer Platz
Mendelssohn-Bartholdy-Park
Wilmersdorfer Str.
Savignyplatz
Zoologischer Garten
Westkreuz
Charlottenburg
Uhlandstr.
Wittenbergplatz
Kurfürstenstr.
Halensee
Kurfürstendamm
Nollendorfplatz
Bülowstr.
Gleisdreieck
Adenauerplatz
Augsburger Str.
Spichernstr.
Grunewald
Konstanzer Str.
Hohenzollernplatz
Viktoria-Luise-Platz
Eisenacher Str.
Yorckstr.
Güntzelstr.
Kleistpark
Fehrbelliner Platz
Berliner Str.
Bayerischer Platz
Rathaus Schöneberg
Julius-Leber-Brücke
Hohenzollerndamm
Blissestr.
Priort
Heidelberger Platz
Rüdesheimer Platz
Bundesplatz
Innsbrucker Platz
Schöneberg
Breitenbachplatz
Friedrich-Wilhelm-Platz
Podbielskiallee
Friedenau
Dahlem-Dorf
Walther-Schreiber-Platz
Priesterweg
Freie Universität (Thielplatz)
Feuerbachstr.
Oskar-Helene-Heim
Schloßstr.
Onkel Toms Hütte
Südende
Rathaus Steglitz
Marquardt
Schlachtensee
Krumme Lanke
Botanischer Garten
Lankwitz
Mexikoplatz
Lichterfelde West
Lichterfelde Ost
Golm
Nikolassee
Wannsee
Zehlendorf
Sundgauer Str.
Brandenburg
Magdeburg
Park Sanssouci
Charlottenhof
Babelsberg
Griebnitzsee
Osdorfer Str.
Werder (Havel)
Potsdam Hbf
Medienstadt Babelsberg
Lichterfelde Süd
Pirschheide
Rehbrücke
Caputh-Geltow
Wilhelmshorst
Teltow Stadt
Teltow
Großbeeren
Caputh-Schwielowsee
Michendorf
Saarmund
Ludwigsfelde-Struveshof
Birkengrund
Blankenfelde
Ferch-Lienewitz
Seddin
Ludwigsfelde
Thyrow
Bad Belzig/Dessau
Jüterbog
Beelitz Stadt
Lutherstadt Wittenberg
Jüterbog/Falkenberg

Legende
Key to symbols
S-Bahn-/U-Bahn
urban rail/underground
Bahn-Regionalverkehr
regional rail
Einige Linien halten nicht überall
Some lines do not stop at all stations
Flughafen-Express
airport express
Flughafen
airport
Fernbahnhof
mainline station
ZOB
Zentraler Omnibusbahnhof
bus terminal
VBB-Tarifteilbereiche Berlin
VBB fare zones Berlin
Barrierefrei durch Berlin
Step-free access
Aufzug
lift
Rampe
ramp
nur zur S-Bahn
only to urban rail
nur zur U-Bahn
only to underground
nur zum Bahn-Regionalverkehr
only to regional rail
Stand: 02. April 2024 L
© Berliner Verkehrsbetriebe (BVG)
Groß Schönebeck (Schorfheide)
Stralsund/Schwedt (Oder)
Eberswalde
Wensickendorf
Zühlsdorf
Wandlitzsee
Wandlitz
Basdorf
Schönwalde (Barnim)
Schönerlinde
Rüdnitz
Bernau
Bernau-Friedenstal
Zepernick
Röntgental
Buch
Karow
Blankenburg
Pankow-Heinersdorf
Pankow
Vinetastr.
Schönhauser Allee
Prenzlauer Allee
Greifswalder Str.
Eberswalder Str.
Senefelderplatz
Rosa-Luxemburg-Platz
Schillingstr.
Alexanderplatz
Strausberger Platz
Weberwiese
Frankfurter Tor
Samariterstr.
Jannowitzbrücke
Klosterstr.
Märkisches Museum
Spittelmarkt
Heinrich-Heine-Str.
Moritzplatz
Prinzenstr.
Kottbusser Tor
Görlitzer Bahnhof
Schönleinstr.
Hermannplatz
Südstern
Boddinstr.
Leinestr.
Neukölln
Hermannstr.
Rathaus Neukölln
Karl-Marx-Str.
Grenzallee
Blaschkoallee
Parchimer Allee
Britz-Süd
Johannisthaler Chaussee
Lipschitzallee
Wutzkyallee
Zwickauer Damm
Rudow
Ostbahnhof
Warschauer Str.
Ostkreuz
Schlesisches Tor
Treptower Park
Sonnenallee
Köllnische Heide
Landsberger Allee
Storkower Str.
Frankfurter Allee
Magdalenenstr.
Lichtenberg
Nöldnerplatz
Tierpark
Friedrichsfelde
Friedrichsfelde Ost
Rummelsburg
Betriebsbahnhof Rummelsburg
Karlshorst
Wuhlheide
Köpenick
Hirschgarten
Friedrichshagen
Rahnsdorf
Wilhelmshagen
Erkner
Fangschleuse
Frankfurt (Oder)
Eisenhüttenstadt
Wartenberg
Hohenschönhausen
Gehrenseestr.
Springpfuhl
Biesdorf
Wuhletal
Kaulsdorf
Mahlsdorf
Birkenstein
Hoppegarten
Neuenhagen
Fredersdorf
Petershagen Nord
Strausberg
Strausberg Stadt
Hegermühle
Strausberg Nord
Kostrzyn (Küstrin)
Hönow
Louis-Lewin-Str.
Hellersdorf
Cottbusser Platz
Kienberg
Gärten der Welt
Kaulsdorf-Nord
Elsterwerdaer Platz
Biesdorf-Süd
Werneuchen
Seefeld (Mark)
Blumberg
Blumberg-Rehhahn
Ahrensfelde Nord
Ahrensfelde Friedhof
Ahrensfelde
Mehrower Allee
Raoul-Wallenberg-Str.
Marzahn
Poelchaustr.
Plänterwald
Baumschulenweg
Schöneweide
Oberspree
Spindlersfeld
Johannisthal
Adlershof
Grünau
Eichwalde
Zeuthen
Wildau
Niederlehme
Zernsdorf
Kablow
Königs Wusterhausen
Zeesen
Lübbenau/Cottbus
Senftenberg
Altglienicke
Grünbergallee
Schönefeld
Waßmannsdorf
Flughafen BER
Mariendorf
Tempelhof
A
B
C
BVG
S Bahn Berlin
DB
Mobilität mit Zukunft
VBB

Liebe Leserinnen und Leser,

alle Angaben in diesem Reiseführer sind gewissenhaft geprüft. Trotz gründlicher Recherche unserer Autorinnen und Autoren können sich manchmal Fehler einschleichen. Wir bitten um Verständnis, dass der Verlag dafür keine Haftung übernehmen kann. Über Hinweise, Berichtigungen und Ergänzungsvorschläge freuen wir uns jederzeit:

via reise verlag
Berliner Straße 69
13189 Berlin
E-mail: post@viareise.de
www.viareise.de

2. komplett überarbeitete und aktualisierte Auflage 2024

ISBN 978-3-949138-44-7

Text & Recherche
Klaus Scheddel

Redaktion
Julian Funke, Gabriela Dimitrieva

Layout & Gestaltung
Katharina Arlt, Annelie Krupicka

Cover-Gestaltung
Nino Arndt, Katharina Arlt,
Annelie Krupicka

Umschlagkarte vorn
Carlos Borrell, Annelie Krupicka

Umschlagkarte hinten
Carlos Borrell, Annelie Krupicka

Druck
Druckhaus Sportflieger, Berlin

FSC www.fsc.org MIX Papier aus verantwortungsvollen Quellen FSC® C104586

Fotos
Klaus Scheddel, außer:
Achim Wagner/stock.adobe.com 133 u.; Anke Sademann 59; Anticiclo/Shutterstock.com 69 u.; Comofoto/stock.adobe.com 37 u.; Delphotostock/stock.adobe.com 41 u.; ebenart/Shutterstock.com 127 u.; ebenart/stock.adobe.com 97 o.+u., 133 o.; Elbud/Shutterstock.com 35 o.; flashpics/stock.adobe.com 48–49; FSEID/stock.adobe.com 103; Gemeinfrei 19, 21; golovianko/stock.adobe.com 104–105; Ina Meer Sommer/Shutterstock.com 99; ingaj/stock.adobe.com 37 o.; ©J. Rigal 55 u.; Janina Johannsen 9 o., 10–11; Janna Menke 85 o.+u., 113 u.; Jbyard/stock.adobe.com 23 o.; Jean-Pierre Dalbéra/CC-BY-2.0 131 o.+u.; Jochen/stock.adobe.com 92–93; Jutta Adam/stock.adobe.com 65 o., 121 u.; K. Wendlandt 73 o.; kaja/stock.adobe.com 65 u.; Kalle Kolodziej/Fotolia 109; katatonia/stock.adobe.com 53 o.; Kiev.Victor/Shutterstock.com 47 u.; Kristina Becker 77 o., 101 u.; laranik/Shutterstock.com 125 u.; laranik/stock.adobe.com 33; ©Lichtschwärmer – Christo Libuda 43 o.; Matthew Dixon/Shutterstock.com 38–39; Moritz Hirth/stock.adobe.com 107 o.; Nightsiteberlin/stock.adobe.com 122–123; Patrick P. Palej/stock.adobe.com 62–63, 79; Peter/stock.adobe.com 107 u.; pundapanda/stock.adobe.com 111; rdnzl/stock.adobe.com 29 o.; Rolf Handke/PIXELIO 87; Sergey Kelin/stock.adobe.com 91 o.; Simon Bigar/Shutterstock.com 91 u.; Stiftung Domäne Dahlem 73; ©thomas labro 113 o.; Thorsten Wiehle 81 u.; till beck/stock.adobe.com 66–67, 116, 139; Tilman Ehrcke/Shutterstock.com 41 o.; ©ufaFabrik/t.russell 55 o.; ©visitBerlin/ Dagmar Schwelle 6–7, 9 u., 31 u.; ©visitBerlin/Arthur F. Selbach.jpg 128–129; ©visitBerlin/Philip Koschel 35 u.,53 u., 61 o.; ©VisitSpandau.de 127 o.; wolfgang/stock.adobe.com 69 o.